AF756702

www.ingramcontent.com/pod-product-compliance
Lightning Source LLC
LaVergne TN
LVHW010804051026
849532LV00007B/2454
* 9 7 8 9 3 6 9 0 8 8 2 4 9 *

سیرتِ مصطفیٰ ﷺ کے گوشے

(مضامین)

مرتب:

سید حیدر آبادی

Seerat-e-Mustafa ke Goshay (Essays)
by: Syed Hyderabadi
Edition: March '2026
Publisher :
Taemeer Publications LLC (Michigan, USA / Hyderabad, India)

ISBN 978-93-6908-824-9

کتاب : **سیرتِ مصطفیٰ ﷺ کے گوشے**

مرتب : **سید حیدرآبادی**

بہ تعاون : محدث میگزین

صنف : مذہب (سیرت النبی ﷺ)

ناشر : تعمیر پبلی کیشنز (حیدرآباد، انڈیا)

سالِ اشاعت : ۲۰۲۶ء

صفحات : ۱۴۴

سرورق ڈیزائن : تعمیر ویب ڈیزائن

فہرست

پیش لفظ

سیرتِ نبوی ﷺ نہ صرف ایک عظیم ہستی کی زندگی کی داستان ہے بلکہ پوری انسانیت کے لیے کامل نمونۂ عمل، اخلاقی انقلاب اور عالمگیر رہنما کی حیثیت رکھتی ہے۔ یہ ایک ایسی روشنی ہے جو ہر دور، ہر معاشرے اور ہر فرد کے لیے رہنمائی کا باعث بنتی ہے۔ آج کے دور میں جہاں مغربی فلسفوں کی بھرمار، مستشرقین کی تحریروں کا طوفان اور فکری انتشار عام ہے، سیرتِ مصطفیٰ کے مختلف گوشوں کو اجاگر کرنا انتہائی اہم ہو جاتا ہے۔

یہ کتاب "سیرتِ مصطفیٰ کے گوشے" اسی ضرورت کو پورا کرتی ہے، جو نو ممتاز مضامین کے ذریعے نبوتِ محمدیہ کے دلائل، عدل و انصاف، ولادتِ طیبہ، اعتراضات کے جوابات، مستشرقین کی تنقید اور حبِ رسول کے عملی تقاضوں کو پیش کرتی ہے۔ ہر مضمون سیرت کے ایک خاص گوشے کو کھولتا ہے، جو قاری کو قرآن و حدیث کی روشنی میں نبیِ اکرم ﷺ کی کامل شخصیت سے روشناس کراتا ہے۔ اس کی اہمیت اس لیے ہے کہ یہ محض تاریخی روایات نہیں بلکہ عملی زندگی کے

لیے رہنما اصول ہیں، جو فرد کو سنوارتے ہیں، معاشرے کو درست سمت دیتے ہیں اور امت کو اتحاد کی طرف بلاتے ہیں۔ مستشرقین کے اعتراضات کا جائزہ، ربیع الاول کی فضیلت اور حبِ رسول کے تقاضے آج کے مسلمانوں کے لیے خاص طور پر نفع بخش ہیں۔

پہلا مضمون "نبوتِ محمدیہ کے دلائل و براہین" امام ابن تیمیہ کے قلم سے نبوتِ رحمت کے عقلی، نقلی، تاریخی اور معجزاتی دلائل کو جامع انداز میں بیان کرتا ہے، جو ہر متشکک کے لیے جوابِ کامل ہے۔ دوسرا "سیرتِ محمد رسول اللہ ﷺ: عالمگیر و دائمی نمونۂ عمل" ابو سفیان لکھتے ہیں کہ سیرتِ طاہر ﷺ ہر دور کے لیے مشعلِ راہ ہے، جو ذاتی، خاندانی اور عالمی مسائل کا حل پیش کرتی ہے۔ تیسرا "ہستیٔ بے مثال ﷺ" اسرار احمد سہاروی نے نبیِ اکرم ﷺ کی انفرادی کمال کو بیان کیا ہے، جو کائنات میں بے مثل ہے۔

چوتھا "عدل و انصاف کے پیکر ... حضورِ اکرم ﷺ" صالح طاہر نے عدل، عفو، مساوات اور عدلیہ کے نظام میں سیرت کے نمونوں کو اجاگر کیا ہے۔ پانچواں "ربیع الاول اور جشن تذکارِ ولادت نبوی" ابو الکلام آزاد نے ولادتِ طیبہ کی فضیلت، اس کی تاریخی روایات اور جشنِ میلاد کی شرعی حیثیت پر بحث کی ہے۔ چھٹا "نقوشِ سیرت کا تقاضا" محمد خالد سیف نے سیرت کی تعلیمات کو آج کی زندگی میں اپنانے کی اہمیت پر زور دیا ہے۔ ساتواں "ذاتِ نبوت پر اعتراضات کا جائزہ" عبد الحمید صدیقی نے شرک، توحید اور نبوت کے متعلق ہونے والے اعتراضات کا رد کیا ہے۔ آٹھواں "سیرتِ رسول ﷺ اور مستشرقین" غلام احمد حریری نے

مغربی محققین کی تنقیدوں اور ان کے جوابات کو پیش کیا ہے۔ نواں "حُبِ رسول صلی اللہ علیہ وسلم اور اس کے عملی تقاضے" عطیہ انعام الٰہی نے حبِ نبوی کے ظاہری و باطنی تقاضوں، سنت کی پیروی اور اطاعت کی اہمیت بیان کی ہے۔

یہ تمام مضامین سیرتِ مصطفیٰ کے مختلف پہلوؤں کو روشن کرتے ہیں۔

ا

نبوتِ محمدیہ کے دلائل وبراہین

امام ابن تیمیہ

حضرت نبی کریم صلی اللہ علیہ وآلہ وسلم کی سیرتِ طیبہ آپ کی نبوت کی واضح دلیل ہے۔ آپ کے اخلاقِ جمیلہ اور اقوال وافعالِ حمیدہ اور آپ کی روشن شریعت بھی آپ کی نبوت کے دلائل میں سے ہے، آپ کی اُمت، اس کا علم اور اس کا دین سب آپ کی نبوت ورسالت کے براہین ہیں اور آپ کی امت کے صلحاء کرام کی کرامات بھی آپ کی صداقت کے دلائل سے ہیں اور یہ حقیقت اسی حقیقت جو پر ظاہر ہو گی جو آپ کی پیدائش سے لے کر آپ کی بعثت تک اور آپ کی بعثت سے لے کر آپ کی وفات تک آپ کی سیرتِ طیبہ کا غور سے مطالعہ کرے گا اور آپ کے نسب، شہر، آپ کے اصل اور فصل پر تدبر کرے گا کیونکہ آپ عالم انسانیت میں نسب کے اعتبار سے اَشرف ہیں اور آپ کا تعلق خالصتاً حضرت ابراہیم علیہ السلام کی اس لڑی سے ہے جس میں اللہ تعالیٰ نے نبوت اور کتاب نازل فرمائی۔

چنانچہ حضرت ابراہیم علیہ الصلوٰۃ والسلام کے بعد جتنے بھی انبیاء کرام مبعوث ہوئے، وہ انہی کی اولاد میں سے تھے، اللہ تبارک وتعالیٰ نے ان کو دو بیٹے عطا فرمائے: حضرت اسماعیلؑ اور حضرت اسحٰقؑ... توراۃ میں بھی دونوں کا ذکر ہے اور توراۃ میں اسماعیل

علیہ السلام کی اولاد میں سے نبی مبعوث ہونے کی بشارت دی گئی ہے اور اولادِ اسماعیل میں آپ صلی اللہ علیہ وآلہ وسلم کے علاوہ کوئی شخص نبوت کی بشارتوں کا حامل نہ تھا۔

حضرت ابراہیم خلیل اللہ نے حضرت اسماعیلؑ کی اولاد کے لئے دعا فرمائی تھی کہ ان میں ایسا رسول مبعوث ہو جو انہی میں سے ہو، پھر آپ صلی اللہ علیہ وآلہ وسلم قریش میں سے تھے جو بنو ابراہیم کا برگزیدہ خاندان ہے اور پھر آپ صلی اللہ علیہ وآلہ وسلم بنو ہاشم میں سے تھے جو قریش کا حد درجہ محترم قبیلہ ہے اور پھر آپ صلی اللہ علیہ وآلہ وسلم مکہ معظمہ میں پیدا ہوئے جو اُمّ القریٰ ہے اور اللہ کے ایسے مقدس گھر والا شہر ہے جسے حضرت ابراہیم علیہ السلام نے بذاتِ خود تعمیر کیا اور لوگوں کو اس کے حج کی دعوت دی۔ چنانچہ حضرت ابراہیم علیہ السلام کے دور سے وہاں حج ہوتا آرہا ہے اور اس حقیقت کا تذکرہ انبیاء کی کتابوں میں موجود ہے۔

آپ تربیت اور پرورش کے اعتبار سے تمام لوگوں سے ممتاز تھے، آپ سچائی اور نیکی، عدل وانصاف اور عمدہ اوصاف میں مشہور؛ ظلم و ستم، فسق و فجور اور ہر گندے کام سے کوسوں دور رہنے والے تھے، اور اس بات کی گواہی ان لوگوں کی طرف سے دی گئی جو آپ کو نبوت سے پہلے بھی جانتے تھے اور ان لوگوں کی طرف سے بھی جو آپ پر ایمان لائے اور پوری زندگی انہوں نے بھی جنہوں نے نبوت ملنے کے بعد آپ سے کفر کیا اور آپ کے متعلق کوئی ایسی بات سننے یا دیکھنے میں نہیں آئی جس پر انگشت نمائی کی جاسکے؛ آپ کے اقوال میں، نہ افعال میں اور نہ آپ کے اخلاق اور کردار میں۔ زندگی بھر جھوٹ آپ کی زبان سے آشنا نہ ہوا؛ نہ ہی فسق وفجور اور ظلم و ستم کا الزام آپ پر لگ سکا۔ آپ کی صورت اور سیرت تمام صورتوں سے مکمل اور جامع تھی اوران خوبیوں پر مشتمل تھی جو آپ کے کمال پر دلالت کرتی ہیں۔ آپ اُمی تھے اور اُمیوں کی اس قوم میں تھے جو اہل

کتاب کی طرح توراۃ اورانجیل کو نہیں جانتی تھی، نہ آپ اور نہ آپ کی قوم اور نہ آپ نے لوگوں کے علوم پڑھے اور نہ ان علوم کے ماہرین کے پاس بیٹھے اور جب آپ کی عمر مبارک چالیس سال ہوگئی تو آپ نے نبوت کا اعلان کیا۔

چنانچہ آپ نے تمام کاموں سے نرالا اور عظیم ترین کام کرڈالا، اور ایسا کلام پیش کیا جس کی مثال اگلے پیش کرسکے تھے نہ پچھلے۔ اور ایسے معاملے کی خبر دی جسے آپ کے شہر اور قوم والے جانتے نہ تھے اور نہ ہی زمانوں میں سے کسی زمانے اور ملکوں میں سے کسی ملک میں آپ کے علاوہ کسی اور نے کوئی ایسی چیز پیش کی اور نہ ہی آپ کی طرح کوئی غلبہ حاصل کرسکا اور نہ ہی آپ جیسے عجائبات اور دلائل پیش کرسکا، اور نہ ہی کوئی شخص آپ کی طرح اپنی شریعت کی طرف دعوت دے سکا اور نہ کسی کا دین، دلائل وبراہین اور قوتِ بازو کے ساتھ آپ کے دین کی طرح آشکارا ہوسکا۔ اور پھر آپ کی پیروی بھی انبیاء کرام کے (کمزور پیروکاروں جیسے) لوگوں نے کی اور رؤسا نے آپ کو جھٹلا دیا اور آپ سے عداوت کی اور ہر طریقے سے آپ کو اور آپ کے پیروکاروں کو ہلاک کرنے کی کوشش کی جس طرح کہ پہلے انبیا اور ان کے پیروکاروں کے ساتھ بھی ہوتا رہا۔ اور جن لوگوں نے آپ کی پیروی کی، انہوں نے کسی لالچ اور ڈر کی وجہ سے نہ کی تھی کیونکہ نہ تو آپ کے پاس مال تھا جو آپ انہیں دیتے، نہ ریاستیں تھیں جو انہیں عطا کرتے، اور نہ ہی آپ کے پاس تلوار تھی بلکہ تلوار اور مال تو آپ کے دشمنوں کے پاس تھا اور انہوں نے آپ کے پیروکاروں کو ہر طرح کی تکلیف پہنچائی۔ لیکن انہوں نے اللہ کی خوشنودی کی خاطر صبر کیا اور اپنے دین سے روگردانی نہ کی کیونکہ ان کے دلوں میں ایمان اور معروف کی حلاوت رچ بس چکی تھی۔

اور عرب لوگ حضرت ابراہیم علیہ السلام کے وقت سے لے کر مسلسل مکہ کا حج

کرتے چلے آرہے تھے، چنانچہ جب حج کے موسم میں عرب کے قبائل جمع ہوتے تو آپ ان کی طرف نکلتے اور ان میں اپنی رسالت کا اعلان کرتے اور انہیں اللہ تعالیٰ کی طرف دعوت دیتے اور جھٹلانے والے کی تکذیب اور بدسلوک کی بدسلوکی اور روگردانی کرنے والی کی روگردانی پر صبر کرتے۔ حتیٰ کہ یثرب والے آپ سے آن ملے۔ وہ یہودیوں کے پڑوسی تھے اوران کی زبانی آپ کے متعلق سنتے رہتے تھے لہٰذا انہوں نے آپ کو پہچان لیا، جب آپ نے ان کو دعوت دی تو وہ پہچان گئے کہ یہ وہی نبی منتظر ہے جس کی خبر یہود دیتے رہتے ہیں۔ اور چونکہ وہ آپ کی خبریں سن چکے تھے، اس لئے انہوں نے آپ کے مرتبہ و مقام کو پہچان لیا کیونکہ اِن سالوں میں آپ کی دعوت پھیل چکی تھی اور آپ کا مشن ظاہر ہوچکا تھا، اس لئے وہ آپ پر ایمان لے آئے اور انہوں نے اپنے شہر کی طرف آپ کی اور آپ کے صحابہ کی ہجرت کا خیر مقدم کیا اور آپ کے ساتھ مل کر جہاد کرنے کا عہد کرلیا۔ چنانچہ آپ کی اور آپ کے پیروکاروں کی مدینہ میں ہجرت کے بعد مہاجرین اور انصار مل کر رہنے لگے۔ ان میں سوائے چند اہل یثرب کے اور کوئی بھی ایسا نہ تھا جو دنیاوی ترغیب وترہیب کی بنا پر ایمان لایا ہو اور چند اہل یثرب جو بظاہر مسلمان تھے، ان میں سے بھی بعض کا اسلام ٹھیک ہوگیا تھا۔

بعد ازاں آپ کو جہاد کی اجازت مل گئی اور جہاد کرنے کا حکم دیا گیا۔ چنانچہ آپ مکمل ترین صدق وصفا اور عدل و انصاف اور وفاداری کے ساتھ اللہ کے دین کو تھامے رہے۔ آپ کی پوری زندگی میں کسی سے ظلم وبدعہدی کا ایک واقعہ بھی پیش نہیں آیا اور نہ کبھی جھوٹ آپ کی زبان سے سرزد ہوا؛ بلکہ آپ سب سے راست گو اور سب سے بڑھ کر انصاف پسند اور سب سے بڑھ کر عہد کی پاسداری کرنے والے تھے۔ صلح کی حالت ہو یا جنگ کا سماں، امن کی حالت میں بھی اور خوف کی حالت میں، مالداری کی حالت میں بھی

اور تنگدستی کی حالت میں بھی، قلت کی حالت میں بھی اور کثرت کی حالت میں بھی، فتح کی سرشاری ہو یا شکست کی بے قراری، کوئی بھی حالت آپ کو ان اوصافِ کمال سے برگشتہ نہ کر سکی۔ یہاں تک کہ آپ کی دعوت اس سرزمین پر چھاگئی جو بتوں کی پرستش اور مدعیانِ اخبارِ غیب کی داستانوں اور خالق کائنات سے کفر اور مخلوق کی فرمانبرداری، سفاکی اور قطع رحمی سے بھر چکی تھی اور وہ لوگ جو آخرت اور دوبارہ جی اُٹھنے کو جانتے نہ تھے، وہ اہل زمین میں سے ایسے عالم، فاضل اور دیندار اور عابد وزاہد بن گئے کہ جب شام کے نصرانیوں نے انہیں دیکھا تو پکار اٹھے کہ حضرت مسیح علیہ السلام کے حواری ان سے بڑھ کر نہ تھے۔ ان کے علم و عمل کے آثار بھی موجود ہیں اور دوسروں کے بھی، اور اہل عقل دونوں کے درمیان فرق کو خوب جانتے ہیں۔

حضرت رسول کریم صلی اللہ علیہ وآلہ وسلم اپنی کشور کشائی، پیروکاروں کی اطاعت اور مال و جان سے بھی بڑھ کر محبت کے باوجود اس حال میں فوت ہوئے کہ گھر میں ایک درہم بھی موجود نہ تھا، نہ کوئی بکری نہ اونٹ، سوائے اپنے خچر اور ہتھیاروں کے اور آپ کی ڈھال، تیس وسق جَو جو آپ نے گھر والوں کے لئے خریدے تھے، کے بدلے ایک یہودی کے ہاں گروی پڑی تھی۔ آپ کے پاس مالِ فئ کی جاگیر تھی جس سے آپ صلی اللہ علیہ وآلہ وسلم اپنے گھر والوں کا خرچہ پورا کرکے باقی مسلمانوں کی ضروریات پر خرچ کر دیتے تھے، اس کے متعلق بھی آپ نے حکم دیا کہ وہ صدقہ ہے، اس سے میرے وارثوں کو کچھ نہ ملے گا، علاوہ ازیں آپ صلی اللہ علیہ وآلہ وسلم کے ہاتھ پر اتنے عجیب و غریب معجزات اور کرامات ظاہر ہوئیں کہ یہ مضمون ان کی تفصیل کا متحمل نہیں ہو سکتا۔

آپ وحی کے ذریعے انہیں حال و مستقبل کی خبریں دیتے؛ نیک کام کا حکم دیتے، برے کاموں سے روکتے، طیبات کو حلال کرتے، خبائث کو حرام ٹھہراتے، اس طرح

آہستہ آہستہ اپنی شریعت کو نافذ کرتے رہے یہاں تک کہ اللہ نے ان کے ذریعے اپنے دین کو مکمل کر دیا اور آپ کی شریعت اس طرح مکمل ہوگئی کہ ہر اس نیکی کا حکم دے دیا گیا جسے انسانی ذہن نیکی سمجھتے ہیں، اور ہر اس برائی سے روک دیا گیا جسے عقلیں برائی تصور کرتی ہیں۔ آپ نے کسی ایسی بات کا حکم نہیں دیا کہ جواب یہ ملا ہو کہ کاش آپ حکم نہ دیتے اور کسی ایسی چیز سے نہیں روکا کہ لوگوں کی طرف سے جواب ملا ہو: کاش آپ اس سے نہ روکتے اور آپ نے طیبات کو حلال کیا تو اس میں سے اتنی زیادہ چیزیں حرام نہیں کیں جتنی دوسروں کی شریعت میں ہوئیں، آپ نے خبائث کو حرام کیا تو ان میں بھی اس قدر خبائث حلال نہیں کی گئیں جتنی دوسری شریعتوں میں حلال کر دی گئیں۔

آپ کے اندر گذشتہ انبیا کی خوبیاں بدرجہ اتم موجود تھیں۔ چنانچہ توراۃ، انجیل اور زبور میں، اللہ تعالیٰ اور اس کے فرشتوں اور یومِ آخرت کے متعلق جو خبریں بیان ہوئی ہے، آپ نے انہیں ہر اعتبار سے مکمل طور پر پیش کیا ہے اور ایسی چیزوں سے بھی آگاہ فرمایا جو ان کتابوں میں موجود نہیں ہیں۔ مزید بر آں اگر ان کتابوں میں کسی طور پر عدل کے وجوب، انصافپر فیصلے کرنے اور فضائل اپنانے اور عبادات کرنے کی ترغیب ہے تو آپ نے بھی یہ چیزیں بیان کی ہیں اور ان سے بدرجہا بہتر انداز میں بیان کی ہیں۔ اور جب کوئی عقلمند انسان آپ کی مشروع کردہ عبادات اور دیگر اُمتوں کی مشروع عبادات پر غور کرے گا تو اسے طریقہ محمدیہ کی فضیلت اور اس کی قدر و قیمت کا اندازہ ہو جائے گا، اسی طرح ہی حدود و احکام اور دیگر مشروع معاملات پر غور کرنے سے اسے آپ کی شریعت کا پلڑا وزنی نظر آئے گا۔

اور آپ کی امت ہر فضیلت میں، تمام اُمتوں سے بڑھ کر ہے اور جب امتِ محمدیہ کے علم کا تمام اُمتوں کے علم سے مقابلہ کیا جائے تو اس کے علم کی فضیلت آشکارا ہو جائے

گی۔ اور جب امتِ محمدیہ کے دین، ان کی عبادت اور ان کی اطاعت فرمانبرداری کا مقابلہ دوسری امتوں سے کیا جائے گا تو پتہ چل جائے گا کہ یہ اُمت دوسروں سے زیادہ دیندار ہے۔ اور جب ان کی شجاعت، جہاد فی سبیل اللہ اور اللہ کی خاطر تکالیف برداشت کرنے کا مقابلہ دیگر امتوں سے کیا جائے تو پتہ چل جائے گا کہ امتِ محمدیہ سب سے بہادر اور دلیر ہے۔ اور جب اس کی سخاوت، صدقہ و خیرات، دلی طہارت اور درگزر و معافی کا موازنہ دیگر امتوں سے کیا جائے گا تو یہ ان سے زیادہ سخی اور زیادہ کریم النفس نظر آئے گی۔ اور آپ کے امتیوں کو یہ خوبیاں آپ ہی کی بدولت نصیب ہوئیں اور انہوں نے آپ سے ہی سیکھیں، کیونکہ آپ نے ہی ان کو حکم دیا تھا کہ وہ اپنے اندر یہ خوبیاں پیدا کریں، اس لئے کہ وہ آپ سے پہلے کسی ایسی کتاب کے پیروکار نہ تھے جس کی آپ تکمیل کرنے آئے ہوں جس طرح کہ حضرت عیسیٰ تورات کی تکمیل کیلئے آئے۔

اور حضرت مسیح یسوع علیہ السلام کے پیروکاروں کے فضائل و محاسن اور ان کے علوم کے کچھ حصے تورات سے، کچھ زبور سے اور کچھ گذشتہ نبوتوں اور کچھ مسیح علیہ السلام سے اور کچھ ان کے حواریوں اور حواریوں کے حواریوں سے ماخوذ تھے اور انہوں نے فلاسفہ وغیرہ کے اقوال سے بھی فائدہ اٹھایا تھا اور جب انہوں نے حضرت مسیح علیہ السلام کے دین میں تحریف کرنا شروع کی تو کفار کی ان باتوں کو بھی دین مسیح میں داخل کر دیا جو صریحاً ان کے دین کے خلاف تھیں۔ جبکہ سیدنا و مولانا محمد رسول اللہ ﷺ کے امتی آپ سے پہلے کوئی کتاب نہ پڑھتے تھے، بلکہ ان کی اکثریت، آپ ہی کی بدولت حضرت موسیٰ علیہ السلام، حضرت عیسیٰ علیہ السلام، حضرت داؤد علیہ السلام، توراۃ انجیل اور زبور پر ایمان لائے، کیونکہ آپ نے انہیں تمام گذشتہ انبیا پر ایمان لانے اور اللہ تعالیٰ کی طرف سے ان پر نازل شدہ کتابوں کو تسلیم کرنے کا حکم دیا اور انہیں انبیا کے درمیان

تفریق کرنے سے روکا، آپ جس کتاب کو لے کر مبعوث ہوئے ہیں، اس میں اللہ تعالیٰ کا ارشاد ہے:

﴿قولوا ءامَنّا بِاللَّهِ وَما أُنزِلَ إِلَينا وَما أُنزِلَ إِلىٰ إِبرٰهـۧمَ وَإِسمـٰعيلَ وَإِسحـٰقَ وَيَعقوبَ وَالأَسباطِ وَما أوتِىَ موسىٰ وَعيسىٰ وَما أوتِىَ النَّبِيّونَ مِن رَبِّهِم لا نُفَرِّقُ بَينَ أَحَدٍ مِنهُم وَنَحنُ لَهُ مُسلِمونَ - ١٣٦

فَإِن ءامَنوا بِمِثلِ ما ءامَنتُم بِهِ فَقَدِ اهتَدَوا ۖ وَإِن تَوَلَّوا فَإِنَّما هُم فى شِقاقٍ ۖ فَسَيَكفيكَهُمُ اللَّهُ ۚ وَهُوَ السَّميعُ العَليمُ - ١٣٧﴾... سورة البقرة

"تم کہو کہ ہم اللہ پر ایمان لائے اور اس کلام پر بھی جو ہماری طرف نازل ہوا اور اس پر بھی جو ابراہیم، اسماعیل اور اسحاق و یعقوب اور ان کی اولاد کی طرف نازل ہوا اور اس پر بھی جو موسیٰ و عیسیٰ کو عطا ہوا اور اس پر بھی جو تمام انبیا اپنے ربّ کی طرف سے دیئے گئے۔ ہم ان کے درمیان کسی طرح کی تفریق نہیں کرتے اور ہم اس کے فرمانبردار ہیں۔ اگر وہ بھی اسی طرح ایمان لے آئیں جس طرح تم ایمان لائے تو وہ ہدایت یافتہ ہوگئے اور اگر وہ پھر جائیں تو وہ سرسر اکم بختی میں ہیں اور عنقریب اللہ ہی ان سے نپٹے گا اور وہ سننے او رجاننے والا ہے۔"

ایک اور مقام پر اللہ تعالیٰ کا فرمان ہے:

﴿ءامَنَ الرَّسولُ بِما أُنزِلَ إِلَيهِ مِن رَبِّهِ وَالمُؤمِنونَ ۚ كُلٌّ ءامَنَ بِاللَّهِ وَمَلـٰئِكَتِهِ وَكُتُبِهِ وَرُسُلِهِ لا نُفَرِّقُ بَينَ أَحَدٍ مِن رُسُلِهِ ۚ وَقالوا سَمِعنا وَأَطَعنا ۖ غُفرانَكَ رَبَّنا وَإِلَيكَ المَصيرُ - ٢٨٥

لا يُكَلِّفُ اللَّهُ نَفسًا إِلّا وُسعَها ۚ لَها ما كَسَبَت وَعَلَيها مَا اكتَسَبَت ۗ رَبَّنا لا تُؤاخِذنا إِن نَسينا أَو أَخطَأنا ۚ رَبَّنا وَلا تَحمِل عَلَينا إِصرًا كَما حَمَلتَهُ عَلَى الَّذينَ مِن قَبلِنا ۚ رَبَّنا وَلا تُحَمِّلنا ما لا طاقَةَ لَنا بِهِ ۖ وَاعفُ عَنّا وَاغفِر لَنا وَارحَمنا ۚ أَنتَ مَولىٰنا فَانصُرنا عَلَى القَومِ الكـٰفِرينَ - ٢٨٦﴾... سورة البقرة

"رسول اس چیز پر ایمان لایا جو اس پر اس کے ربّ کی طرف سے نازل ہوا او

رموٴمنین بھی، وہ سب کے سب اللہ تعالیٰ اور اس کے فرشتوں اور اس کے رسولوں پر ایمان لائے، ہم اس کے رسولوں میں سے کسی کے درمیان فرق نہیں کرتے، اور وہ کہتے ہیں کہ ہم نے سنا اور اطاعت کی، اے ہمارے ربّ ہم تجھ سے مغفرت کے طلبگار ہیں اور تیری طرف لوٹنا ہے... اللہ تعالیٰ کسی جان کو اس کی طاقت سے بڑھ کر (شرع کا بوجھ اٹھانے کی) تکلیف نہیں دیتا، اس کے لئے وہی ہے جو اس نے کمایا اور اس پر اتنا ہی (بار) ہے جتنا اس نے کمایا... اے ہمارے ربّ! اگر ہم بھول جائیں یا خطا کر بیٹھیں تو ہمارا موٴاخذہ نہ فرما اور ہم پر اس طرح بوجھ نہ ڈال جس طرح تو نے ہم سے پہلے لوگوں پر ڈالا۔ اے ہمارے ربّ! ہمیں اس بوجھ کے اٹھانے کی تکلیف نہ دے جس کی ہم میں طاقت نہیں ہے اور ہمیں معاف فرما اور ہمیں بخش دے اور ہم پر رحم فرما تو ہمارا مولیٰ ہے، تو کافروں کی قوم پر ہماری نصرت فرما"

(ماخوذ از الجواب الصحیح لمن بدّل دین المسیح... امام ابو العباس احمد بن عبد الحلیم ابن تیمیہ)

***

۲

سیرتِ محمد رسول اللہ ﷺ: ایک عالمگیر و دائمی نمونۂ عمل

ابو سفیان

سید سلیمان ندوی نے ۱۸۸۴ء میں پٹنہ کے ایک سادات خاندان میں آنکھ کھولی، آپ دار العلوم ندوۃ العلما کے تعلیم یافتہ، سیرت نگار، صحافی، مصنف اور مقرر تھے۔ انہوں نے مسلمانوں کی سیاسی بیداری اور آزادی ہند کی تحریکوں میں حصہ لیا۔ آپ ترکی کے مسئلہ پر ۱۹۲۰ء میں یورپ جانے والے تین رکنی وفدِ خلافت میں شامل تھے۔ علامہ اقبال اور سر راس مسعود کے ہمراہ افغانستان کی دعوت پر وہاں گئے اور تعلیمی تجاویز دیں۔ مسلم یونیورسٹی علی گڑھ نے آپ کو ڈاکٹریٹ کی اعزازی ڈگری دی۔ آپ ریاست بھوپال کے چیف جسٹس بھی رہے۔

حضراتِ گرامی! وہ سیرت یا نمونۂ حیات جو انسانوں کے لیے ایک آئیڈیل سیرت کا کام دے، اس میں چار شرطوں کا پایا جانا ضروری ہے:

تاریخیّت کاملیّت جامعیّت اور عملیّت

الف: تاریخیّت

اس سے مقصود یہ ہے کہ ایک کامل انسان کے جو حالاتِ زندگی پیش کیے جائیں، وہ تاریخی لحاظ سے مستند ہوں، ان کی حیثیت قصوں اور کہانیوں کی نہ ہو۔ خیالی اور مشتبہ سیرتیں خواہ کتنے ہی مؤثر انداز میں پیش کی جائیں، طبیعتیں ان سے دیرپا اور گہرا اثر نہیں لیتیں اور ان پر کوئی انسان اپنی عملی زندگی کی بنیاد نہیں رکھ سکتا۔

سب سے قدیم ہونے کا دعویٰ ہندوؤں کو ہے مگر ان میں سے کسی کو 'تاریخی' ہونے کی عزت حاصل نہیں ہے۔ رامائن کی زندگی کے کن واقعات کو تاریخ کہہ سکتے ہیں؟ یہ بھی معلوم نہیں کہ یہ واقعات کس زمانہ کے ہیں۔

قدیم ایرانی مجوسی مذہب کا بانی زرتشت جو آج بھی لاکھوں لوگوں کا مرکزِ عقیدت ہے، اس کے حالات زندگی محققین کی متضاد آرا سے اتنے مشکوک ہیں کہ کوئی انسان ان کے بھروسے پر اپنی زندگی کی بنیاد قائم نہیں کر سکتا۔

قدیم ایشیا کے سب سے وسیع مذہب بدھ کا ہندوستان میں برہمنوں اور وسطی ایشیا میں اسلام نے خاتمہ کیا تھا۔ ایشیائے اقصیٰ میں بدھ مت کی حکومت، تہذیب اور مذہب قائم ہیں۔ لیکن یہ چیزیں بدھ کی سیرت کو تاریخ میں محفوظ نہ رکھ سکیں۔ چین کے کنفیوشس کی ہمیں بدھ سے بھی کم واقفیت ہے، حالانکہ ان کے پیروکار کروڑوں میں ہیں۔

سامی قوم کے سینکڑوں پیغمبروں کے ناموں کے سوا تاریخ کچھ نہیں بتاتی۔ حضرت نوح، حضرت ابراہیم، حضرت ہود، حضرت صالح، حضرت اسمٰعیل، حضرت اسحٰق، حضرت یعقوب، حضرت زکریا اور حضرت یحییٰ علیہم السلام کی سیرتوں کے چند حصوں کے علاوہ ان کی زندگیوں کے ضروری اجزا تاریخ سے گم ہیں۔ قرآن کے سوا، یہودیوں کے اَسفار میں ان پیغمبروں کے درج حالات کی نسبت محققین کو شکوک ہیں۔ ان شکوک سے صرف نظر کرنے کے باوجود ان بزرگوں کی مقدس زندگیوں کے ادھورے اور نامربوط

حصے ایک کامل انسانی زندگی کی پیروی کا سامان نہیں کر سکتے۔

ب: کاملیّت

عزیزو! کسی انسانی سیرت کے دائمی نمونۂ عمل بننے کے لیے یہ بھی ضروری ہے کہ اس کے تمام حصے روزِ روشن کی طرح دنیا کے سامنے ہوں تاکہ معلوم ہو سکے کہ اس کی سیرت کہاں تک انسانی معاشرہ کے لیے ایک آئیڈیل زندگی کی صلاحیت رکھتی ہے۔

آج بدھ کے پیروکار دنیا کی چوتھائی آبادی پر قابض ہیں، مگر تاریخی حیثیت سے بدھ کی زندگی صرف چند قصوں اور کہانیوں کا مجموعہ ہے۔ اگر اسے تاریخ کا درجہ دے کر بدھ کی زندگی کے ضروری اجزا تلاش کریں تو ہمیں ناکامی ہوگی۔ یہی حال زرتشت کا ہے۔ انسائیکلوپیڈیا برٹانیکا (گیارہواں ایڈیشن) کے آرٹیکل زراسٹر کے مضمون نگار نے لکھا ہے:

"اس کی جائے پیدائش کی تعیین سے متعلق شہادتیں متضاد ہیں... زرتشت کے زمانے سے ہم قطعاً ناواقف ہیں۔"

انبیاے سابقین میں سب سے مشہور زندگی حضرت موسیٰ علیہ السلام کی ہے۔ موجودہ تورات کے مستند یا غیر مستند ہونے سے قطع نظر، تورات کی پانچوں کتابوں سے ہمیں ان کی زندگی کے کس قدر اجزا ملتے ہیں؟ تورات کی پانچویں کتاب میں جو کچھ لکھا ہے، وہ حضرت موسیٰ علیہ السلام کی تصنیف نہیں ہے۔ دنیا آپ کے اس سوانح نگار سے واقف نہیں ہے۔ حضرت موسیٰ علیہ السلام نے ۱۲۰ سال عمر پائی۔ اس طویل سوانح کے ضروری اجزا ہمارے پاس کیا ہیں: پیدائش، جوانی میں ہجرت، شادی اور نبوت پھر چند لڑائیوں کے بعد ۱۲۰ برس کی عمر میں ان سے ملاقات ہوتی ہے۔ انسان کو اپنی سوسائٹی کے عملی نمونہ کے لیے جن اجزا کی ضرورت ہوتی ہے، وہ اخلاق و عادات اور طریقِ زندگی ہیں، اور یہی اجزا حضرت موسیٰ علیہ السلام کی سوانح عمری سے گم ہیں۔

اسلام کے سب سے قریب العہد پیغمبر حضرت عیسیٰ علیہ السلام کے پیرو آج یورپین مردم شماری کے مطابق تمام دوسرے مذاہب کے پیرووں سے زیادہ ہیں۔ مگر اسی پیغمبر کے حالاتِ زندگی تمام دوسرے مشہور بانیانِ مذاہب کے سوانح سے سب سے کم معلوم ہیں۔ انجیل کے مطابق آپ کی زندگی ۳۳ برس تھی۔ موجودہ انجیلوں کی روایتیں اوّلاً تو نامعتبر ہیں اور جو کچھ ہیں، وہ آپ کے آخری تین سالوں کی زندگی پر مشتمل ہیں۔ آپ پیدا ہوئے، پیدائش کے بعد مصر لائے گئے، لڑکپن میں ایک دو معجزے دکھائے، اس کے بعد وہ غائب ہو جاتے ہیں اور پھر اچانک تیس برس کی عمر میں بپتسمہ دیتے اور پہاڑوں اور دریاؤں کے کنارے ماہی گیروں کو وعظ کہتے اور یہودیوں سے مناظرے کرتے نظر آتے ہیں، یہودی اُنہیں پکڑوا دیتے ہیں اور رومی عدالت اُنہیں سولی دے دیتی ہے۔ تیسرے دن ان کی قبر ان کی لاش سے خالی نظر آتی ہے۔ تیس برس اور کم از کم پچیس برس کا زمانہ کہاں اور کیسے گزرا؟ دنیا اس سے ناواقف ہے اور رہے گی...!

ج: جامعیّت

میرے دوستو! کسی سیرت کے عملی نمونہ بننے کے لیے تیسری ضروری شرط جامعیت ہے۔ اس سے مقصود یہ ہے کہ مختلف طبقات انسانی یا ایک فرد انسان کو اپنی ہدایت اور ادائیگی فرائض کے لیے جن مثالوں اور نمونوں کی ضرورت ہوتی ہے، وہ سب اس 'آئیڈیل زندگی' میں موجود ہوں۔ اللہ اور بندے اور بندوں کے مابین فرائض اور واجبات کو تسلیم اور اُنہیں ادا کرنے کا نام 'مذہب' ہے۔ ہر مذہب کے پیرووں پر فرض ہے کہ وہ ان حقوق و فرائض کی تفصیلات اپنے اپنے بانیوں کی سیرتوں میں تلاش کریں۔

جو مذاہب خدا کو تسلیم ہی نہیں کرتے، جیسے بدھ مت اور جین مت کے متعلق کہا جاتا ہے، تو ان کے بانیوں میں محبت الٰہی اور توحید پرستی وغیرہ کی تلاش ہی بیکار ہے۔ جن

مذاہب نے خدا کو کسی نہ کسی رنگ میں تسلیم کیا ہے، ان کے بانیوں کی زندگیوں میں بھی خدا طلبی کے واقعات مفقود ہیں۔ توحید اور اس کے احکام اور قربانی کی شرائط کے علاوہ تورات کی پانچوں کتابیں یہ نہیں بتاتیں کہ حضرت موسیٰ علیہ السلام کے تعلقات قلبی، اطاعت و عبادت اوراللہ کی صفات کاملہ کی تاثیر ان کے قلب اَقدس میں کہاں تک تھی۔ حضرت عیسیٰ علیہ السلام کی زندگی کا آئینہ انجیل ہے۔ انجیل میں ایک مسئلہ کے علاوہ کہ خدا حضرت عیسیٰ علیہ السلام کا باپ تھا، ہمیں نہیں معلوم ہوتا کہ اس دنیاوی زندگی میں باپ اور بیٹے میں کیا تعلقات تھے؟

اب حقوق العباد کو لیجئے، بدھ اپنے اہل و عیال، دوست اور حکومت و سلطنت کے بارِ گراں کو چھوڑ کر جنگل چلے گئے۔ اسی لیے بدھ کی زندگی اس کے ماننے والوں کے لیے قابلِ تقلید نہیں بنی، ورنہ چین، جاپان، سیام، وانام، تبت اور برما کی سلطنتیں، صنعتیں اور دیگر کاروباری مشاغل فوراً بند ہو جاتے اور بجائے آباد شہروں کے صرف سنسان جنگل رہ جاتے۔

حضرت موسیٰ علیہ السلام کی زندگی میں جنگ و سپہ سالاری کا پہلو نمایاں ہے۔اس کے علاوہ ان کے پیروکاروں کے لیے دنیاوی حقوق و فرائض کا کوئی نمونہ موجود نہیں ہے۔ ہمارا اعتقاد ہے کہ حضرت موسیٰ علیہ السلام کا پیغمبرانہ طرز عمل یقیناً ہر حرف گیری سے پاک ہو گا، مگر ان کی موجودہ سیرت کی کتابیں ان اَبواب سے خالی ہیں۔

حضرت عیسیٰ علیہ السلام کی والدہ تھیں، انجیل کے مطابق ان کے بھائی بہن بلکہ مادی باپ تک بھی تھا۔ مگر اُن کی سیرت اِن رشتہ داروں سے آپ کا طرزِ عمل اور سلوک نہیں بتاتی۔ دنیا ہمیشہ انہی تعلقات سے آباد رہی ہے اور رہے گی۔ آپ نے محکومانہ زندگی بسر کی، اس لیے ان کی سیرت حاکمانہ فرائض کی مثالوں سے خالی ہے۔

د: عملیّت

'آئیڈیل لائف' کا آخری معیار عملیت ہے۔ یعنی بانیٔ مذہب جو تعلیم دیتا ہے، اس پر خود عمل کر کے اس تعلیم کو قابلِ عمل ثابت کیا ہو۔ انسانی سیرت کے کامل ہونے کی دلیل اس کے نیک اَقوال و نظریات نہیں بلکہ اس کے اعمال و کارنامے ہوتے ہیں۔

عزیزو! جس نے اپنے دشمن پر قابو نہ پایا ہو، وہ معاف کرنے کی عملی مثال کیسے دکھا سکتا ہے۔ جس کے پاس کچھ نہ ہو، وہ غریبوں کی مدد کیسے کر سکتا ہے۔ جو بیوی بچے اور عزیز و احباب نہ رکھتا ہو، وہ انہی تعلقات سے آباد دنیا کے لیے مثال کیونکر بن سکتا ہے۔ جسے دوسروں کو معاف کرنے کا موقع نہ ملا ہو، اس کی زندگی غصہ آور لوگوں کے لیے نمونہ کیسے بنے گی۔ اس معیار پر بھی سیرت محمدی ﷺ کے سوا کوئی دوسری سیرت پوری نہیں اتر سکتی۔

آئیڈیل اور نمونۂ اتباع شخصیت کی سیرت میں یہ چار باتیں پائی جانی چاہئیں:

تاریخیّت، جامعیّت، کاملیّت اور عملیّت

میرا یہ مقصد ہرگز نہیں ہے کہ دیگر انبیاء علیہم السلام کی سیرتیں اِن خصوصیات سے خالی تھیں، بلکہ اُن کی سیرتیں جو عام انسانوں تک پہنچیں، وہ اِن خصوصیات سے خالی ہیں۔ ایسا ہونا مصلحت الٰہی کے مطابق تھا تاکہ یہ ثابت ہو سکے کہ وہ انبیا محدود زمانہ اور متعین قوموں کے لیے تھے، اس لیے ان کی سیرتوں کو آئندہ زمانہ تک محفوظ رکھنا ضروری نہیں تھا۔ صرف حضرت محمد ﷺ تمام اقوام کے لیے اور دائمی نمونۂ عمل بنا کر بھیجے گئے ہیں۔ آپ کی سیرت کو ہر حیثیت سے مکمل اور ہمیشہ کے لیے محفوظ رہنے کی ضرورت تھی۔ یہی 'ختم نبوت' کی سب سے بڑی عملی دلیل ہے۔

آیئے! اب اِن چاروں معیاروں کے مطابق پیغمبر اسلام حضرت محمد ﷺ کی

سیرتِ مبارکہ پر نظر ڈالیں:

الف: سیرتِ محمدی کی تاریخیت

سب سے پہلی چیز 'تاریخیت' ہے۔ مسلمانوں نے اپنے پیغمبر اور ہر اس چیز اور اس شخص کی جس کا ادنیٰ سا تعلق بھی آپ ﷺ کی ذات مبارک سے تھا، جس طرح حفاظت کی ہے اس پر دنیا حیرت زدہ ہے۔ آپ ﷺ کے اقوال، افعال اور متعلقاتِ زندگی پر مشتمل سرمایۂ روایت ضبطِ تحریر ہو چکا تو اسے روایت کرنے والے صحابہؓ، تابعینؒ، تبع تابعینؒ اور بعد کے چوتھی صدی ہجری تک کے راویوں کے نام، حالات اور اخلاق و عادات کو بھی لکھا گیا۔ جن کی تعداد جرمن ڈاکٹر اسپر نگر کے نزدیک پانچ لاکھ ہے۔

حیات نبوی ﷺ کے آخری سال حجۃ الوداع میں حاضر صحابہ کرامؓ کی تعداد تقریباً ایک لاکھ تھی جن میں سے گیارہ ہزار کے نام و اَحوال آج تحریری شکل میں محفوظ ہیں۔ یہ وہ لوگ ہیں جنہوں نے آنحضرت ﷺ کے اقوال و افعال اور واقعات میں سے کچھ نہ کچھ حصہ دوسروں تک پہنچایا ہے۔ ہزاروں صحابہؓ نے جو کچھ دیکھا اور جانا، وہ سب دوسروں کو بتایا۔ صحابہ کرامؓ کے بعد فوراً ہی دوسری نسل اِن معلومات کی حفاظت کے لیے کھڑی ہو گئی۔

پیغمبرِ اسلام ﷺ نے اپنی احادیث دوسروں تک پہنچانے کی تاکید کے ساتھ یہ تنبیہ بھی کر دی تھی کہ "جو کوئی میرے متعلق قصداً جھوٹ منسوب کرے، اس کا ٹھکانا جہنم ہے۔" اس اعلان کا اثر تھا کہ بڑے بڑے صحابہؓ روایتِ حدیث کرتے وقت کانپتے تھے۔ عربوں کا حافظہ تیز تھا۔ یہ فطری قاعدہ ہے کہ جس قوت سے جتنا کام لیا جائے، اتنا ہی وہ ترقی پاتا ہے۔ صحابہؓ اور تابعین نے قوت حفظ کو معراجِ کمال تک پہنچایا۔ ایک ایک محدث کو کئی کئی ہزار اور کئی کئی لاکھ احادیث یاد تھیں۔

ابتدا میں صحابہؓ نے احادیث کو لکھنا بوجوہ مناسب نہ سمجھا، مثلاً:

الف) آغاز میں رسول اللہ ﷺ نے قرآن کے علاوہ کچھ اور لکھنے سے منع فرمایا تھا تاکہ قرآن اور غیر قرآن آپس میں مل نہ جائیں۔ ازاں بعد قرآن مکمل محفوظ ہونے پر احادیث لکھنے کی اجازت مل گئی۔

ب) صحابہ کرام کو اس بات کا اندیشہ تھا کہ تحریری مجموعہ پاس ہونے سے لوگ حفظ کرنے سے جی چرانے لگیں گے۔

ج) عربوں میں ابھی تک کوئی واقعہ لکھ کر محفوظ رکھنا معیوب سمجھا جاتا تھا۔ وہ کوئی چیز تحریر کر بھی لیتے تھے تو اسے چھپائے رکھتے تھے۔

حضرات! عہد نبوی ہی میں احادیث کا تحریری سرمایہ جمع ہونا شروع ہو چکا تھا۔ فتح مکہ پر رسول اللہ ﷺ کا خطبہ لکھا گیا۔ آپ نے مختلف حکمرانوں کو تحریری خطوط روانہ کیے۔ حضرت عبداللہ بن عمرو بن العاصؓ نے خود آپ سے سن کر احادیث لکھی تھیں۔ حضرت ابوبکر صدیقؓ، حضرت ابوبکر بن عمرو بن حزمؓ اور متعدد اشخاص کے پاس زکوٰۃ کے احکام لکھے ہوئے تھے۔ حضرت علیؓ کے پاس ایک صحیفہ تھا۔ رسول اللہ ﷺ نے عمرو بن حزمؓ جو یمن کے گورنر تھے، اُنہیں میراث، صدقات اور دِیت سے متعلق ہدایات لکھ کر دیں۔ حضرت وائل بن حجرؓ اپنے وطن واپس ہوئے تو آپ ﷺ نے اُنہیں ایک تحریر لکھوا دی جس میں نماز، روزہ، سود، شراب اور دیگر احکام تھے۔ غالباً ملکِ یمن سے حضرت معاذ بن جبلؓ نے پوچھا تو رسول اللہ صلی اللہ علیہ وسلم نے تحریری جواب دیا کہ سبزیوں پر زکوٰۃ نہیں ہے۔ حضرت عمرؓ کے پوچھنے پر حضرت ضحاکؓ نے بتایا: رسول اللہ ﷺ نے ہمیں لکھوایا کہ شوہر کی دِیت میں بیوی کا حصہ ہے۔

حضرت ابن عباسؓ سے روایات کا ایک تحریری مجموعہ اہل طائف کے پاس تھا۔

حضرت جابرؓ سے روایتوں کا ایک مجموعہ وہب نے اور دوسرا سلیمان بن قیس نے تیار کیا تھا۔ حضرت سمرۃ بن جندبؓ سے اُن کے بیٹے ایک نسخہ روایت کرتے ہیں۔ سب سے زیادہ حافظِ حدیث حضرت ابوہریرہؓ تھے۔ حضرت انسؓ دوسرے صحابی ہیں جن سے بکثرت احادیث مروی ہیں۔ حضرت ابن عباسؓ رسول اللہ ﷺ کے غلام ابورافعؓ سے آپ کے کارنامے لکھا کرتے تھے۔ آپ کے خادم حضرت ابن مسعودؓ یہ کہتے تھے کہ لوگ اُن سے سنتے اور پھر جا کر اسے کر لکھ لیتے ہیں۔ ان کے بیٹے عبدالرحمن ایک کتاب لائے اور قسم کھا کر کہا کہ یہ حضرت عبداللہ بن مسعودؓ نے خود لکھی ہے۔

دوستو! اگر تحریر ہی قابلِ وثوق ہے تو عہدِ نبوی میں صحابہؓ نے احادیث لکھیں۔ صحابہؓ ہی کی زندگی میں زہریؒ، ہشامؒ، قیسؒ، عطاؒ، سعید بن جُبیرؒ اور سینکڑوں تابعین نے یہ تمام روایات تحقیق کر کے ہمیں فراہم کر دیں۔ صرف امام زہریؒ ہی کا تحریری مواد اتنا تھا کہ کتابیں جانوروں پر لاد کر لائی گئیں۔ بطورِ مثال امام زہریؒ نے اتنی محنت سے احادیث نبوی جمع کیں کہ وہ مدینہ کے ایک ایک شخص حتیٰ کہ پردہ نشین خواتین سے جا کر رسول اللہ ﷺ کے اقوال وحالات پوچھتے اور اُنہیں قلمبند کرتے تھے۔

یہ غلط ہے کہ تدوین و تحریرِ حدیث کا کام ایک سو برس بعد تابعین نے شروع کیا۔ تابعین وہ شخصیات ہیں جنہیں رسول اللہ ﷺ سے ملاقات نصیب نہیں ہوئی مگر وہ صحابہ کرامؓ سے مستفید ہوئے، خواہ وہ آنحضرت ﷺ کے زمانہ میں ہوں یا آپ کی رحلت (۱۱ھ) کے بعد پیدا ہوئے، وہ سب تابعین ہیں۔ آپ کی زندگی ہی میں تابعین کا عہد کم از کم ۱۱ ہجری سے شروع ہو گیا تھا۔ لہٰذا جو کام ۱۱ھ میں شروع ہوا، کہا جا سکتا ہے کہ اس کا آغاز تابعین نے کیا۔

مسلمانوں کے فن سیرتِ نبوی کا پہلا اُصول یہ تھا کہ واقعہ اس شخص کی زبان سے

بیان ہو جو خود شریکِ واقعہ تھا، ورنہ شریکِ واقعہ تک تمام درمیانی راویوں کے نام بالترتیب بتائے جائیں۔ یہ بھی تحقیق کی جائے کہ وہ کون تھے، ان کے مشاغل اور چال چلن کیسی تھی، ثقہ تھے یا غیر ثقہ، نکتہ رس تھے یا سطحی الذہن اور عالم تھے یا جاہل؟ ہزاروں محدّثین نے اپنی عمریں اس کام میں کھپا دیں، ہزاروں میلوں کا سفر کیا اور لاکھوں لوگوں سے ملے۔

پھر عقلی اعتبار سے روایات پرکھنے کے اُصول الگ ترتیب دیئے۔ راویوں کی چھان بین میں اتنی دیانتداری دکھائی کہ وہ واقعات اسلام کا فخر ہیں۔ راویوں میں بڑے بڑے حکمران اور اُمرا بھی تھے مگر محدّثین نے بلاخوف سب کو وہی درجہ دیا جو اُنہیں مل سکتا تھا۔ وکیعؒ کے والد سرکاری خزانچی تھے مگر جب وکیعؒ ان سے روایت کرتے تو اُن کی تائید میں ایک اور راوی کو ضرور شامل کر لیتے، یعنی تنہا اپنے باپ کی روایت تسلیم نہ کرتے۔ معاذؒ بن معاذ کو دس ہزار دینار پیش کیے گئے کہ وہ ایک شخص کے متعلق خاموش رہیں اور اسے معتبر یا غیر معتبر کچھ نہ کہیں۔ معاذؒ نے اَشرفیوں کا توڑا حقارت سے ٹھکرا دیا۔

محدّثین نے جھوٹی اور ضعیف روایتیں بھی محفوظ کیں تاکہ مخالفین یہ کہہ نہ سکیں کہ مسلمانوں نے اپنے پیغمبر کی کمزوریاں چھپانے کے لیے کئی روایتیں غائب کر دیں۔ محدّثین نے اپنے نبی ﷺ کی طرف منسوب صحیح و غلط سارا مواد لا کر سامنے رکھ دیا اور اُصول مقرر کر کے ان دونوں کے درمیان فرق بتا دیا۔ یہ تمام روایات آج بھی دنیا کے سامنے موجود ہیں اور انہی اصولوں کے تحت ہر واقعہ پر تحقیق کی جا سکتی ہے۔

عزیز جوانو! اب میں آپ کو بتاتا ہوں کہ حضرت محمد رسول اللہ صلی اللہ علیہ وسلم کے حالات و واقعات پر مواد کے مآخذ کیا تھے۔ سیرتِ پاک ﷺ کا سب سے اہم، سب سے مستند اور صحیح ترین ماخذ خود قرآن ہے جس کی صحت و معتبری میں دشمن بھی شک نہ

کر سکے۔ قبل از نبوت کی زندگی، یتیمی، غربت، تلاشِ حق، نبوت، وحی، اعلان و تبلیغ، معراج، مخالفین کی دشمنی، ہجرت، لڑائیاں اور اخلاق سب قرآن میں موجود ہیں۔

دوسرا ماخذ ایک لاکھ کے قریب احادیث ہیں۔ صحاحِ ستہ ہیں جن کا ایک ایک واقعہ تولا اور پرکھا ہوا ہے۔ مسانید ہیں جن میں ضخیم ترین امام احمد بن حنبلؒ (م ۲۴۴ھ) کی المُسنَد ہے۔ مسانید میں ہر صحابی کی روایتیں الگ الگ ہیں۔

تیسرا ماخذ مغازی ہیں جو زیادہ تر رسول اللہ صلی اللہ علیہ وسلم کے غزوات اور لڑائیوں سے متعلق ہیں۔ مثلاً مغازی عروہ بن زبیرؒ (م ۹۴ھ)، مغازی زہریؒ (م ۱۲۴ھ)، مغازی ابن اسحٰقؒ (م ۱۵۰ھ) اور مغازی واقدیؒ (م ۲۰۷ھ) وغیرہ۔

سیرت محمدی کا چوتھا ماخذ کتبِ تاریخ ہیں۔ ان میں طبقات ابن سعدؒ (م ۲۰۷ھ)، تاریخ صغیر و کبیر امام بخاریؒ (م ۲۵۶ھ) اور تاریخ طبریؒ (م ۳۱۰ھ) وغیرہ ہیں۔ رسول اللہ ﷺ کے معجزات اور روحانی کارناموں پر مشتمل کتبِ دلائل النبوت ہیں، مثلاً ابن قتیبہؒ (م ۲۷۶ھ)، بیہقیؒ (م ۴۵۸ھ) اور ابونعیم اصفہانیؒ (م ۴۳۰ھ) وغیرہ کی کتب۔ پھر آپ کے اخلاق اور معمولاتِ زندگی پر لکھی گئی کتب ہیں، مثلاً امام ترمذیؒ (م ۲۷۹ھ)، ابوالعباس مستغفریؒ (م ۴۳۲ھ) اور قاضی عیاضؒ (م ۵۴۴ھ) کی کتابیں۔ پھر مکہ اور مدینہ پر کتابیں ہیں جن میں مقامی حالات اور مقامات کے نام و نشان ہیں جنہیں آپ ﷺ سے کوئی تعلق ہے، مثال کے طور پر ازرقی (م ۲۲۳ھ) کی اخبارِ مکہ اور ابن زبالہؒ کی اخبارِ مدینہ وغیرہ۔

عہدِ رسالت سے آج تک ہر زمانہ، ہر ملک اور ہر زبان میں آپ ﷺ پر لاتعداد کتب لکھی گئیں۔ ہر مصنف نے سینکڑوں اور ہزاروں اشخاص سے سن اور پڑھ کر سیرت محمدی کو دوسروں تک پہنچایا۔ حدیث کی پہلی کتاب الموطا کو اس کے مصنف امام مالکؒ (م

۲۷۹ھ) سے ۶۰۰ لوگوں نے سنا جن میں حکمران، فقہا، علما، اُدبا اور صوفیا سب ہی تھے۔ امام بخاریؒ (م ۲۵۶ھ) کی تصنیف الجامع الصحیح کو انکے صرف ایک شاگرد فربریؒ سے ساٹھ ہزار لوگوں نے سنا۔

بتاؤ! کس شارع یا بانئ دین کی سوانح عمری اس احتیاط اور اہتمام کے ساتھ مرتب ہوئی؟ یہ تاریخیّت محمد رسول اللہ صلی اللہ علیہ وسلم کے سوا کس کے حصہ میں آئی؟

مسلمانوں کے علاوہ غیر مسلموں نے بھی سینکڑوں کتابیں لکھی ہیں۔ آکسفورڈ یونیورسٹی کا پروفیسر مارگیولیوتھ بھی اپنی کتاب 'محمد' (۱۹۰۵ء) میں یہ اعتراف کرنے پر مجبور ہوا کہ: "محمد (صلی اللہ علیہ وسلم) کے سوانح نگاروں کا ایک نہ ختم ہونے والا طویل سلسلہ ہے، لیکن اس میں جگہ پالینا قابلِ عزت ہے۔"

جان ڈیون پورٹ ۱۸۷۰ء میں اپنی کتاب 'اپالوجی فار محمد اینڈ دی قرآن' ان الفاظ سے شروع کرتے ہیں:

"بلاشبہ تمام قانون سازوں اور فاتحین میں ایک بھی ایسا نہیں ہے جس کے حالات زندگی محمد (صلی اللہ علیہ وسلم) کے وقائع عمری سے زیادہ مفصل اور سچے ہوں۔"

ب: سیرتِ محمدی کی کاملیّت

حضرات! کوئی انسانی زندگی خواہ کتنی ہی تاریخی ہو، وہ جب تک کامل نہ ہو ہمارے لیے نمونہ نہیں بن سکتی، کسی زندگی کی کاملیّت اس وقت تک ثابت نہیں ہو سکتی جب تک اس کے تمام اجزا ہمارے سامنے نہ ہوں۔ پیغمبر اسلام ﷺ کی ولادتِ مبارک سے لے کر رحلت تک زندگی کا مختصر لمحہ بھی تاریخ کی آنکھ سے اوجھل نہیں ہے۔

بطورِ مثال امام ترمذیؒ کی 'شمائل ترمذی'، قاضی عیاضؒ کی 'الشفاء' اور حافظ ابن قیمؒ کی 'زادالمعاد' کے ابواب سے اندازہ لگالیں کہ آپ ﷺ کے جزئی واقعات بھی کس طرح

قلم بند کیے گئے۔ مثلاً آپ کی شکل و صورت، اسماے گرامی، عمر، بال، کنگھی، خضاب، سرمہ، لباس، عمامہ، پائجامہ، موزے، پاپوش، انگوٹھی، خاموشی، گفتگو، تبسم، مزاح، خوشبو، تلوار، زرہ، خود، رفتار، نشست، تکیہ و بستر، وضو، پیالہ، کیا اور کیسے کھاتے پیتے، رات کو باتیں کرنے، سونے اور عبادت کرنے کے طریقے، گریہ، اخلاق، حجامت، خواب، خطبہ، سواری، سفر، جہاد، معمولاتِ عیادت و ملاقات، مجالس، اپنے اور دوسروں کے گھروں میں جانے کا انداز اور طریقہ، یادِ الٰہی، اللہ پر توکل، صبر و شکر، استقامتِ عمل، حسن معاملہ، عدل و انصاف، سخاوت، ایثار، مہمان نوازی، تحفے قبول کرنا، احسان نہ قبول کرنا، عدمِ تشدد، مساوات، شرم وحیا، اپنے ہاتھ سے کام کرنا، ایفاے عہد، دشمنوں سے عفو و درگزر، غلاموں اور قیدیوں سے سلوک، اہل کتاب، منافقین اور غیر مسلموں سے برتاؤ، غریبوں سے محبت، بچوں پر شفقت، عورتوں سے برتاؤ، اولاد سے محبت، نکاح، بیویوں سے سلوک، ازدواجی تعلقات کا طریقہ، خرید و فروخت، حوائجِ ضروری کے آداب اور جانوروں سے سلوک اور اُن پر رحم وغیرہ۔

اس اجمالی تفصیل سے اندازہ لگالیں کہ جب ان جزئیات کو محفوظ رکھا گیا ہے تو بڑی اور اہم باتوں کی کیا کچھ تفصیل ہو گی۔

میرے دوستو! بڑے سے بڑا انسان جس کی ایک ہی بیوی ہو، یہ ہمت نہیں کر سکتا کہ بیوی کو یہ اجازت دے کہ تم میری ہر بات اور ہر حالت سب کو کہہ دو۔ رسول اللہ ﷺ کی نو بیویوں کو عام اجازت تھی کہ خلوت اور رات کی تاریکی میں مجھ میں جو دیکھو، وہ جلوت اور دن کی روشنی میں سب کو برملا بیان کر دو۔ مسجدِ نبوی کے چبوترہ پر رہنے والے صحابہؓ دن رات آپ کے حالات دیکھنے اور اُنہیں دوسروں کو بیان کرنے میں مصروف رہتے۔ دن میں مدینہ کی تمام آبادی آپ صلی اللہ علیہ وسلم کی ہر اَدا کا مشاہدہ

کرتی۔ جنگوں میں ہزارہا صحابہؓ نے آپ کے شب و روز دیکھے۔ حجۃ الوداع میں تقریباً ایک لاکھ صحابہؓ نے آپ کی زیارت کی۔ ہر شخص کو حکم تھا کہ آپ کی ہر حالت و کیفیت منظر عام پر لائی جائے۔ اس اخلاقی اعتماد کی مثال کہیں اور مل سکتی ہے؟

رسول اللہ ﷺ ہمیشہ اپنے پیروکاروں ہی کے درمیان نہیں رہے۔ آپ نے نبوت سے پہلے چالیس اور نبوت کے بعد تیرہ برس قریشِ مکہ میں گزارے جنھوں نے آپ کو صادق اور امین کا خطاب دیا۔ وہ آپ کے دعوائے نبوت پر برہم ہوئے، گالیاں دیں، نجاستیں ڈالیں، پتھر پھینکے، قتل کی سازشیں کیں، ساحر، شاعر اور مجنون کہا، مگر کوئی آپ کے اخلاق و اعمال کے خلاف ایک حرف بھی نہ کہہ سکا۔

رسول اللہ ﷺ پر ابتدا میں ایمان لانے والے کوئی مچھیرے یا غلام قوم کے نہیں بلکہ ایک ایسی آزاد قوم کے لوگ تھے جو اپنی عقل و دانش میں ممتاز تھی۔ جو کبھی کسی کے محکوم نہیں ہوئے تھے۔ ان کی تجارت دنیا میں دُور دُور تک پھیلی ہوئی تھی۔ بھلا ایسے لوگوں سے رسول اللہ صلی اللہ علیہ وسلم کا کوئی حال چھپا رہ سکتا تھا؟

سیرت محمدی کے آئینہ میں دیکھ کر ہر شخص اپنے جسم و روح، ظاہر و باطن، قول و عمل اور آداب و رسوم کی اصلاح کر سکتا ہے۔ کوئی اور انسانی زندگی اس کاملیّت کے ساتھ دنیا کے سامنے موجود نہیں ہے، اس لیے تمام انسانوں کے لیے یہی ایک کامل نمونہ ہے!

ج: سیرتِ محمدی کی جامعیّت

حضرات! محبت الٰہی حاصل کرنے کے لیے ہر مذہب یہی بتاتا ہے کہ اس کے بانی کی نصیحتوں پر عمل کیا جائے۔ اسلام نے ایک بہتر تدبیر بتائی۔ اس نے اپنے پیغمبر کا عملی نمونہ سب کے سامنے رکھ دیا اور اللہ کی محبت اس عملی نمونہ کی پیروی سے مشروط کر دی۔

کسی مذہب کے حلقۂ اطاعت میں شامل اشخاص مختلف شعبہ ہائے زندگی سے تعلق

رکھتے ہیں۔ ان میں حکمران، رعایا، سپہ سالار، سپاہی، فاتح، مفتوح، جج، مفتی، غریب، دولتمند، عابد، زاہد، مجاہد، اہل وعیال، دوست واحباب، تاجر، خریدار، امام، مقتدی، اُستاد، شاگرد، جوان، بچے، شوہر اور باپ سب شامل ہیں جنہیں عملی نمونہ کی ضرورت ہے۔ اسلام اُنہیں اتباعِ سنّت نبوی کی دعوت دیتا ہے۔ پیغمبر اسلام ﷺ کی سیرت میں ہر انسان کے لیے نمونے اور مثالیں ہیں۔

انسان مختلف لمحوں میں مختلف افعال کرتا ہے: چلنا، پھرنا، اُٹھنا، بیٹھنا، کھانا، پینا، سونا، جاگنا، ہنسنا، رونا، پہننا، اُتارنا، نہانا، دھونا، لینا، دینا، سیکھنا، سکھانا، مرنا، مارنا، مہمان بننا، میزبانی کرنا، عبادت، کاروبار، راضی ہونا اور ناراض ہونا، خوش اور غمزدہ ہونا، کامیاب اور ناکام ہونا، شجاعت، بزدلی، غصہ، رحم، سخت گیری، نرم دلی، انتقام، معافی، صبر، شکر، توکل، رضا، قربانی وایثار، عزم واستقلال، قناعت واستغنا، تواضع وانکساری، نشیب وفراز اور بلند وپست وغیرہ ان تمام افعال انسانی اور احساسات قلبی کی راہنمائی کے لیے ایک عملی نمونہ کی ضرورت ہے۔ ایک ایسا عملی نمونہ جس میں حضرت موسیٰ علیہ السلام کی صرف شجاعانہ قوتیں یا حضرت عیسیٰ علیہ اسلام کا صرف نرم اخلاق ہی نہ ہو بلکہ یہ دونوں صفات معتدل حالت میں موجود ہوں۔ حضرت نوح، حضرت ابراہیم، حضرت موسیٰ، حضرت عیسیٰ، حضرت سلیمان، حضرت داؤد، حضرت ایوب، حضرت یونس حضرت یوسف اور حضرت یعقوب علیہم السلام سب کی زندگیاں سمٹ کر حضرت محمد ﷺ کی سیرت میں سما گئی ہیں۔

دوستو! دنیا میں دو طرح کی تعلیم گاہیں ہیں: ایک وہ جہاں صرف ایک فن جیسے میڈیکل، انجینئرنگ، آرٹ، تجارت، زراعت، قانون یا عسکری تعلیم دی جاتی ہے۔ دوسری یونیورسٹیاں ہیں جو ہر قسم کی تعلیم کا انتظام کرتی ہیں۔ صرف ایک ہی فن اور علم

جاننے والوں سے انسانی سوسائٹی مکمل نہیں ہو سکتی بلکہ وہ ان سب کے مجموعہ سے کمال کو پہنچتی ہے۔

آؤ! اب اس معیار سے مختلف انبیاے کرام کی سیرتوں پر غور کریں۔ حضرت موسیٰ علیہ اسلام کی تعلیم گاہ میں صرف فوج کے افسر و سپاہی، قاضی اور کچھ مذہبی عہدیدار ملتے ہیں اور حضرت عیسیٰ علیہ اسلام کے مکتب میں چند زاہد فقرا فلسطین کی گلیوں میں ملیں گے۔

لیکن محمد رسول اللہ ﷺ کے ہاں اصحمہ حبشہ کا نجاشی بادشاہ، عامر بن شہرؓ ہمدان کا رئیس، بلالؓ جیسے غلام اور سمیہؓ جیسی لونڈیاں سب ہیں۔ ملکوں کے فرمانروا، دنیا کے جہانبان، عقلاے روزگار اور اسرارِ فطرت کے محرم اس درسگاہ سے تعلیم پا کر نکلے ہیں۔ ابو بکرؓ، عمرؓ، عثمانؓ اور علیؓ ہیں جن کی مشرق سے مغرب تک فرمانروائی اور عدل و انصاف کے فیصلے ایرانی دستور اور رومی قانون کو بے اثر کر دیتے ہیں۔ خالد بن ولیدؓ، سعد بن ابی وقاصؓ، ابو عبیدہ بن جراحؓ اور عمرو بن العاصؓ دنیا کے فاتح اعظم اور سپہ سالار اکبر ثابت ہوتے ہیں۔ عمرؓ، علیؓ، ابن عباسؓ، ابن مسعودؓ، عبداللہؓ بن عمرو بن العاص، عائشہؓ، اُمّ سلمہؓ، اُبی بن کعبؓ، معاذ بن جبلؓ اور زید بن ثابتؓ وغیرہ جیسے فقہا نے دنیا کے قانون سازوں میں بلند درجہ پایا۔

ستر صحابہؓ پر مشتمل اہل صفہ جن کے پاس مسجدِ نبوی کے چبوترہ کے سوا کوئی اور جگہ نہیں تھی، دن کو مزدوری کرتے اور رات عبادت میں گزارتے تھے۔ ابوذر غفاریؓ نے دربار رسالت سے 'مسیحِ اسلام' کا خطاب پایا۔ سلمان فارسیؓ زہد و تقویٰ کی تصویر ہیں۔ بہادر کارپردازوں اور مدبّرین میں طلحہؓ، زبیرؓ، مغیرہؓ، مقدادؓ، عبدالرحمن بن عوفؓ ہیں۔ سمیہؓ، یاسرؓ اور خبیبؓ جیسے بے گناہ مقتول ہیں جنھوں نے جانیں قربان کر دیں مگر حق کا ساتھ نہ

چھوڑا۔ بلالؓ، خبابؓ، عمارؓ، زبیرؓ، سعیدؓ بن زید جیسے بھی ہیں جنھوں نے کفارِ مکہ کے مظالم برداشت کیے۔

میرے عزیزو! درسگاہیں اپنے شاگردوں سے پہچانی جاتی ہیں۔ تعلیم انسانی کی ان درسگاہوں کا جن کے اساتذہ انبیا کرام ہیں، جائزہ لیں تو کہیں دس بیس، کہیں ساٹھ ستر، کہیں سو دوسو، کہیں ہزار دوہزار اور کہیں پندرہ بیس ہزار طالب علم آپ کو ملیں گے۔ جب مدرسہ نبوت کی آخری تعلیم گاہ کو دیکھیں گے تو ایک لاکھ سے زیادہ طلبا بیک وقت نظر آئیں گے۔ دوسری نبوت گاہوں کے طلبہ کہاں کے تھے، کون تھے، اُن کے اخلاق وعادات ودیگر سوانح زندگی کیا تھے؟ اس کا کوئی جواب نہیں مل سکتا۔ لیکن محمد رسول اللہ ﷺ کی درسگاہ کے ہر طالب علم کی ہر چیز معلوم ہے۔ اس درسگاہ کے بانی کی دعوت جامع اور عالمگیر تھی کہ نسلِ آدم کا ہر فرزند اور ارضِ خاکی کا ہر باشندہ اس میں داخل ہوا یا داخلہ کے لیے اسے آواز دی گئی۔

تورات کے انبیا عراق یا شام یا مصر سے آگے نہیں بڑھے۔ عربوں کے قدیم انبیا بھی اپنی قوموں سے باہر نہیں گئے۔ حضرت عیسیٰؑ کے مکتب میں بھی غیر اسرائیلی طالب علم کا وجود نہیں تھا۔ ہندوستان کے داعی آریہ ورت سے باہر نکلنے کا سوچ بھی نہیں سکتے تھے۔ اگرچہ بدھ کے پیروؤں نے بدھ مت دوسری قوموں تک پہنچایا مگر یہ عیسائیوں کی طرح بعد کے پیروؤں کا فعل تھا۔

اب ذرا محمد رسول اللہ ﷺ کی درسگاہ دیکھیں: ابو بکرؓ و عمرؓ، عثمانؓ و علیؓ مکہ کے، ابو ذرؓ اور انسؓ تہامہ کے، ابو ہریرہؓ اور ابو موسیٰؓ اور معاذؓ یمن کے، منذرؓ بحرین کے، عبیدؓ و جعفرؓ عمان کے، فردہؓ شام کے، بلالؓ حبشہ کے، صہیبؓ روم کے اور سلمانؓ ایران کے رہنے والے ہیں۔ پیغمبر اسلام ۶ھ میں تمام قوموں کے سلاطین اور حکمرانوں کے نام

دعوت اسلام کے خطوط بھیجتے ہیں۔ درسگاہ محمدی میں یہ جامعیّت نمایاں ہے کہ اس میں داخلہ کے لیے رنگ، وطن، نسل اور زبان شرط نہیں ہے بلکہ دنیا کے تمام انسانوں کے لیے داخلہ کھلا ہے۔

دوستو! آپ نے درسگاہ محمدی کی پوری سیر کرلی جس میں آپ نے ہر رنگ اور ہر ذوق کے طالب علم دیکھے۔ آپ نے کیا فیصلہ کیا؟ اس کے سوا کیا فیصلہ ہو سکتا ہے کہ محمد رسول اکرم ﷺ کی ذات انسانی کمالات اور صفات حسنہ کا کامل مجموعہ تھی۔ آپ کا وجودِ مبارک ایک ابرِ باراں تھا جو پہاڑ، جنگل، میدان، کھیت، ریگستان اور باغ ہر جگہ برستا تھا اور ہر ٹکڑا اپنی اپنی استعداد کے مطابق سیراب ہو رہا تھا اور قسم قسم کے درخت اور رنگا رنگ پھول اور پتے اُگ رہے تھے۔

د: سیرتِ محمدی کی عملیّت

عزیز جوانو! یہ انبیاے کرام اور بانیانِ مذاہب کی موجودہ سیرتوں کا وہ باب ہے جو تمام تر خالی اور سادہ ہے، لیکن حضرت محمد ﷺ کی سیرت کا یہی باب سب سے بڑا اور ضخیم ہے۔ سیرتِ محمدی کا روشن ترین پہلو یہ ہے کہ آپ نے بطورِ پیغمبر اپنے پیروکاروں کو جو نصیحت فرمائی، اس پر پہلے خود عمل کرکے دکھا دیا۔

عام پیروکاروں کو دن میں پانچ وقتوں کی نمازوں کا حکم تھا، مگر آپ ﷺ نے آٹھ وقت نماز پڑھی۔ عام مسلمانوں پر روز و شب میں سترہ رکعتیں فرض ہیں، مگر آپ ہر روز کم و بیش پچاس ساٹھ رکعتیں اَدا فرماتے تھے۔ پنجگانہ نمازیں فرض ہونے کے بعد نمازِ تہجد مسلمانوں کو معاف ہوگئی تھی مگر آپ اسے تمام عمر ہر شب اَدا فرماتے رہے۔ مکہ میں کئی دفعہ دشمنوں نے دورانِ نماز آپ پر حملہ کیا۔ دشمنوں کے خلاف معرکوں حتیٰ کہ مرض الموت میں بھی آپ کی نماز ترک نہ ہوئی۔ ساری زندگی میں صرف دو مرتبہ نماز قضا

ہوئی۔

آپ ﷺ نے روزہ کا حکم دیا۔ مسلمانوں پر سال میں تیس روزے فرض ہیں، مگر آپ کا کوئی ہفتہ اور کوئی مہینہ روزوں سے خالی نہ جاتا تھا۔ آپ دو دو تین تین دن بغیر کھائے پیئے متصل روزہ رکھتے تھے۔

آپ نے زکوٰۃ اور خیرات کا حکم دیا تو پہلے خود اس پر عمل کرکے دکھایا۔ جو کچھ آیا، سب اللہ کی راہ میں خرچ کر دیا۔ فتح خیبر کے بعد سال بھر کا غلّہ ازواجِ مطہرات کو دے دیا جاتا تھا مگر سال ختم ہونے سے پہلے وہ ختم ہو جاتا، اس لیے کہ اس کا بڑا حصہ اہل حاجت کی نذر کر دیا جاتا تھا۔ ایک دفعہ بحرین سے خراج کا مال آیا۔ فرمایا: مسجد میں ڈال دو۔ صبح نماز کے بعد ڈھیر کے پاس بیٹھ گئے اور تقسیم کرنا شروع کر دیا۔ جب سب ختم ہو گیا تو دامن جھاڑ کر یوں کھڑے ہو گئے کہ یہ گویا غبار تھا جو دامن پر پڑ گیا تھا۔ ایک دفعہ نمازِ عصر ادا کرنے کے بعد خلافِ معمول فوراً تشریف لے گئے اور پھر باہر آئے۔ پوچھنے پر فرمایا: "مجھے نماز میں یاد آیا کہ سونے کا ایک چھوٹا سا ٹکڑا گھر میں پڑا ہے، خیال ہوا کہ ایسا نہ ہو کہ رات آجائے اور وہ محمد کے گھر پڑا رہ جائے۔"

آپ نے زہد و قناعت کی تعلیم دی تو پہلے خود اس پر عمل کرکے دکھایا۔ فتوحات کی وجہ سے جزیہ، زکوٰۃ، عشر اور صدقات کے خزانے لدے چلے آتے تھے مگر آپ کے گھر میں وہی فقر و فاقہ تھا۔ حضرت عائشہؓ نے فرمایا: رسول اللہ ﷺ رحلت فرما گئے مگر آپ کو دو وقت بھی سیر ہو کر کھانا نصیب نہ ہوا۔ آپ کی رہائش ایک کمرہ تھی جس کی دیوار کچی اور چھت کھجور کے پتوں اور اونٹ کے بالوں سے بنی تھی۔ آپ کا کپڑا کبھی تہہ کرکے نہیں رکھا جاتا تھا، یعنی جو بدنِ مبارک پر کپڑا ہوتا تھا، اس کے سوا کوئی اور کپڑا ہی نہیں تھا جو تہہ کیا جاتا۔

آپ نے مساوات کی تعلیم دی۔ آپ نے خود مساوات، اخوتِ انسانی، اور جنسِ انسانی کی برابری کی یہ عملی مثال پیش کی کہ ایک غلام کو اپنا فرزندِ متبنّٰی بنایا، اپنی پھوپھی زاد بہن کو ایک غلام سے بیاہا اور مطلّقہ عورتوں سے شادی کی۔

آپ نے ایثار کی تعلیم دی تو ایثار میں بھی اپنا نمونہ پیش کیا۔ آپ کے پاس چادر نہیں تھی۔ ایک صحابیہؓ نے چادر لا کر پیش کی۔ کسی نے کہا: کتنی اچھی چادر ہے۔ آپ نے چادر فوراً اُتار کر اسے دے دی۔

عزیزو! آؤ دشمنوں کو پیار کرنے کی عملی مثال پیغمبر اسلام ﷺ میں آپ کو دکھاؤں۔ مکی حالات چھوڑتا ہوں کہ محکومی، بیکسی اور معذوری، عفوودرگذر اور رحم کے ہم معنی نہیں ہوتے۔ ہجرت کے وقت سو اُونٹ کے لالچ میں محمد ﷺ کا تعاقب کرنے والے سراقہؓ کی جان بخشی کر دی۔ کفار کے سرغنہ ابوسفیانؓ ہند کو فتح مکہ کے دن معافی مل گئی۔ سب سے بڑے دشمن ابوجہل کے بیٹے عکرمہؓ آئے تو فرمایا: "اے مہاجر سوار! تمہارا آنا مبارک۔" یہ اسے کہا گیا جس نے آپ ﷺ پر نجاست ڈلوائی، حالتِ نماز میں آپ پر حملہ کیا اور آپ کے گلے میں چادر ڈال کر قتل کرنا چاہا۔ پیغمبر اسلام کی صاحبزادی حضرت زینبؓ کے قاتل ہبار بن الاسود کو معاف کر دیا گیا۔ زہر بجھی تلوار سے قتل کے لیے آنے والا عمیر بن وہب گرفتار ہونے پر رہا کر دیا جاتا ہے۔ آپ ﷺ نے آپ پر پتھر برسانے والوں، آپ کا دانت شہید اور چہرہ خون آلود کرنے والوں کے لیے دعا کی۔

آپ کو جھٹلانے، گالیاں دینے، راستے میں کانٹے بچھانے اور غریب و بیکس مسلمانوں کو ستانے والے سردارانِ قریش فتحِ مکہ کے دن صحنِ حرم میں سر جھکائے سامنے بیٹھے تھے۔ پیچھے دس ہزار خون آشام تلواریں محمد رسول اللہ ﷺ کے ایک اشارہ کی منتظر تھیں، لیکن وہ سب معاف کر دیئے گئے۔

میرے دوستو! کیا پیغمبر اسلام حضرت محمد رسول اللہ ﷺ کے سوا، انسانی تاریخ میں ایسی عملی ہدایتوں اور کامل مثالوں کا کوئی اور نمونہ کہیں نظر آتا ہے؟

***

۳

ہستیٔ بے مثال ﷺ

اسرار احمد سہاروی

حسنِ یوسف، دمِ عیسیٰ یدِ بیضا داری!

آنچہ خوباں ہمہ دارند تو تنہا داری!

یہ شعر وصفِ نبی ﷺ کے بارے میں انتہائی بلیغ سمجھا جاتا ہے لیکن حقیقت یہ ہے کہ یہ بھی مدحتِ رسول کا قرار واقعی حق ادا نہیں کرتا۔ کیونکہ رسالت مآب کی بہت سی خصوصیات ایسی ہیں جو کسی دوسرے نبی میں نہیں پائی جاتیں اسے آپ آنحضرت ﷺ کی بے مثالیت کہہ لیں یا کچھ اور نام دے دیں۔ بہر حال یہ ہیں آپ کی ذات کے ساتھ ہی مخصوص۔ کہیں اور آپ کو یہ کیفیت نظر نہیں آتی۔ گویا فضیلت نبوت کی آپ معراج کمال ہیں۔ اللہ تعالیٰ قرآنِ کریم میں فرماتا ہے"

تِلْكَ الرُّسُلُ فَضَّلْنَا بَعْضَهُمْ عَلٰى بَعْضٍ

" یعنی رسولوں میں بھی ہم نے بعض کو بعض پر فضیلت دی ہے۔ اس اعلان کا منطقی نتیجہ یہی نکلتا ہے کہ ایک نبی ایسا بھی ہونا چاہیے کہ جس پر کسی کو فضیلت حاصل نہ ہو اور ایسے نبی محمد رسول اللہ ﷺ ہی ہیں۔ ہمارے اس دعوے کا ایک اور ثبوت یہ ہے کہ آپ خاتم الانبیاء بھی ہیں۔ آپ کے بعد کوئی دوسرا نبی نہیں آیا اور نہ قیامت تک آئے گا

گویا آپ کی ذات میں تکمیل نبوت ہو گئی۔ ہر کمال کے بعد زوال ہوتا ہے۔ اللہ تعالیٰ کی مصلحت نے نبوت کو زوال سے بچانے کے لئے اسے ابد الاباد تک کے لئے معدوم قرار دے دیا تاکہ زوال کے عیب سے بے نیاز ہو جائے۔ چنانچہ اس کمالِ دین اور منتہائے نبوت کے بارے میں ارشاد فرمایا "

الْيَوْمَ اَكْمَلْتُ لَكُمْ دِينَكُمْ وَاَتْمَمْتُ عَلَيْكُمْ نِعْمَتِي وَرَضِيتُ لَكُمُ الْإِسْلَامَ دِينًا

" یعنی آج کے دن دینِ انسایت مکمل کر دیا گیا اور یہ نعمتِ عظمیٰ اپنی پوری صلاحیتوں کے ساتھ ظاہر ہو گئی اور انسان کے لئے اسلام دین کے طور پر اللہ تعالیٰ نے پسند فرمالیا۔ کیا ہم نبوت کی تاریخ میں کوئی ایسا نہیں پاتے ہیں جس کو ساری انسانیت کے لئے نبی بنا کر بھیجا گیا ہو اور جس پر نبوت کا خاتمہ کیا گیا ہو۔ اور جس کو خود اللہ تعالیٰ نے یہ سند دی ہو کہ آج دین کی نعمت کی تکمیل کر دی اور اب اس میں ابد تک کوئی اضافہ نہ کیا جائے گا۔ حضرت یعقوب یہود کے لئے مبعوث ہوئے۔ حضرت موسیٰ بھی یہود کے نبی مقرر ہوئے۔ حضرت عیسیٰ کی ملت بھی مخصوص رہی۔ ایک خاص علاقے کے لئے تھے اور ایک مخصوص دور کے لئے۔ ان حضرات کی نبوت زمان و مکان کی حدود میں مقید تھی لیکن محمد رسول اللہ ﷺ کی نبوت قید زمان و مکان سے ماورا ہے۔ اب وہ ہر ملک، ہر ملت اور ہر دور کے لئے راہنما ہے، یہ نبی کریم ﷺ کی عدیم المثالی ہے۔

اب دوسری مثال معجزے کی لے لیں۔ دوسرے تمام انبیاء کو جو معجزات دیئے گئے وہ وقتی تھے اور غالباً اس کی مصلحت یہ تھی کہ ان کا مشن بھی وقتی تھا اور خاص حلقے کے لئے تھا ہر دور اور ہر ملّت کے لئے نہیں تھا۔ چنانچہ حضرت موسیٰ کو ید بیضا کا معجزہ عطا ہوا یا ان کا عصا سانپ بن گیا یا دریائے نیل ان کے لئے دو حصوں میں تقسیم ہو گیا۔ یہ سب وقتی چیزیں تھیں جن کا اثر وقوعے کے بعد ختم ہو گیا۔ یہی حال حضرت عیسیٰؑ کے معجزات کا

تھا کہ اندھوں اور کوڑھیوں کو اچھا کر دینا حضرت عیسیٰؑ کی زندگی تک تھا اور خاص حلقے تک محدود تھا ان کے بعد ان چیزوں کا اثر ختم ہو گیا۔ یہاں یہ بات یاد رکھنے کی ہے کہ حضرت موسیٰؑ اور حضرت عیسیٰؑ کو کتابیں بھی دی گئیں لیکن یہ کتابیں معجزہ بنا کر پیش نہیں کی گئیں۔ نہ تو خود ان کتابوں نے دعویٰ کیا ہے کہ ہماری حیثیت ایک معجزے کی ہے اور نہ ان انبیاء نے یہ دعویٰ کیا ہے کہ ہماری یہ کتابیں معجزے کی حیثیت رکھتی ہیں۔ لیکن نبی کریم ﷺ کو جو معجزہ عطا ہوا وہ قرآنِ کریم ہے ایک تو یہ کہ قرآن ابدی کتاب ہے خود خدا نے اس کی حفاظت کا ذمہ لیا ہے فرمایا

اِنَّا نَحْنُ نَزَّلْنَا الذِّكْرَ وَاِنَّا لَہٗ لَحَافِظُوْنَ

یعنی ہم نے ہی یہ "ذکر" نازل کیا ہے اور ہم ہی اس کے محافظ ہیں۔" اس کے علاوہ بھی کئی دوسری آیات میں یہ ذمہ لیا گیا ہے اور اس کا یہ نتیجہ ہے کہ آج تک قرآن میں ایک لفظ کی بھی تبدیلی ممکن نہیں ہو سکی ہے اور دوست و دشمن سب اس قرآنی خصوصیت کو تسلیم کرتے ہیں اور یہی اس بات کا بھی واضح ثبوت ہے کہ یہ کتاب آخری کتاب اور اس کی شریعت آخری شریعت اور اس کا حامل نبی آخری نبی ہے۔ دوسری بات یہ ہے کہ خود قرآن نے یہ دعوےٰ کیا ہے کہ میں ایک معجزے کی حیثیت سے نازل ہوا ہوں اگر کسی میں ہمت ہے تو میری مثال پیدا کر کے دکھائے فرمایا:

فَأْتُوْا بِسُوْرَۃٍ مِّنْ مِّثْلِہٖ وَادْعُوْا شُہَدَاءَکُمْ مِّنْ دُوْنِ اللّٰہِ اِنْ کُنْتُمْ صٰدِقِیْنَ

یعنی اگر تم خیال کرتے ہو کہ یہ خدا کا کلام نہیں ہے تو تم سب مل کر ایک سورت ہی ایسی لکھ لاؤ۔ اور تاریخ گواہ ہے کہ قرآن کا یہ چیلنج آج بھی ڈیڑھ ہزار سال گزرنے کے بعد اسی طرح اپنی جگہ پر قائم ہے۔ اس میں شک نہیں کہ مسیلمہ اور متنبی وغیرہ نے کوشش کی لیکن خود ان کے حامیوں نے ہی ان کی ہفوات کو حقارت سے ٹھکرا دیا اور آج

ان کا کہیں نام بھی سننے میں نہیں آتا۔ صرف تاریخ کی کتابوں میں محفوظ ہے۔ گویا معجزہ بھی آپ کو لاثانی ہی عطا فرمایا گیا۔

اُمت کے لحاظ سے اگر آپ نبی کریم کی ذات پر نظر ڈالیں تو فوراً احساس ہوتا ہے کہ اس باب میں بھی کوئی آپ کا مد مقابل نہیں۔ سب سے پہلی بات تو یہ ہے کہ اس امت کا دین کامل اور اکمل ہے۔ دوسرے یہ کہ ابدی ہے اب اس میں کسی بنیادی تبدیلی کا امکان نہیں۔ یہ ایک بہت بڑا اشرف ہے۔ اس کے علاوہ قرآن کریم میں اللہ تعالیٰ نے اس امت کی دو بڑی خصوصیات بیان کی ہیں ایک تو یہ ہے کہ یہ امت اپنی نوعیت اور کیفیت کے لحاظ سے "امت وسط" ہے یعنی اس کی زندگی کے اصول و قوانین درمیان کا راستہ اختیار کرنے کی تلقین کرتے ہیں اور زندگی کے ہر شعبے میں افراط و تفریط سے بچاتے ہیں اس کے مقابلے میں دنیا کے جتنے ادیان پر آپ نظر ڈالیں فوراً یہ بات محسوس ہوتی ہے کہ اکثر معاملات میں وہاں افراط و تفریط کی قباحت نظر آتی ہے یعنی توازن و اعتدال غائب ہے مثلاً عیسائیت کہتی ہے کہ زندگی مردود ہے اسے ترک کرو اور رہبانیت اختیار کرو کیوں کہ اس کی ابتداء ہی گناہ سے ہوئی ہے لیکن اسلام کا نقطۂ نظر یہ ہے کہ زندگی گناہ کا ثمرہ نہیں۔ حضرت آدمؑ و حواؑ کا گناہ اللہ تعالیٰ نے معاف کر دیا تھا بلکہ رسول کریم ﷺ نے واضح طور پر فرما دیا۔

"لَا رَهْبَانِيَّةَ فِيْ الْإِسْلَامِ"

یعنی اسلام میں رہبانیت اور ترکِ دنیا کی گنجائش ہی نہیں ہے۔ اگر ترکِ دنیا اور ترکِ حیات کا جواز ہوتا زندگی پیدا ہی کیوں ہوتی پھر تو تخلیقِ کائنات ایک عبث فعل ہو جاتا ہے۔ اسلام نے دین و دنیا میں توازن اور اعتدال قائم کیا ہے۔ دنیا کو مزرعۃ الآخرت کہا۔ خودکشی اور خود آزاری کو حرام قرار دیا۔ بلکہ قرآنِ کریم میں جو بہترین دعا شمار کی

جاتی ہے وہ یہ ہے کہ:"

رَبَّنَا آتِنَا فِي الدُّنْيَا حَسَنَةً وَفِي الْآخِرَةِ حَسَنَةً وَقِنَا عَذَابَ النَّارِ

" یعنی اسے رب ہمارے ہمیں دنیا کا بھی حسن عطا فرما اور دین کا بھی گویا حسنِ زندگی کے حصول کے بارے میں دین و دنیا کو ہم پلّہ قرار دیا ہے۔ چنانچہ رسول کریم نے اپنی ایک حدیث میں اسی میانہ روی اور اعتدال کی طرف اشارہ فرمایا ہے۔

"خَيْرُ الْأُمُوْرِ اَوْسَطُهَا"

یعنی کام میانہ روی اختیار کرنے سے بہترین طریقے پر انجام پاتے ہیں۔ اسی قسم کی سینکڑوں مثالیں پیش کی جا سکتی ہیں۔ اختصار کی خاطر نظر انداز کرتے ہیں۔ دوسری خصوصیت اللہ تعالیٰ نے اس امت کی یہ بیان کی کہ یہ بہترین امت ہے اور اس کا سب یہ بیان فرمایا کہ یہ دنیا میں نیکی کی علمبردار ہے اور لوگوں کو برائی سے روکتی ہے۔"

كُنتُمْ خَيْرَ أُمَّةٍ أُخْرِجَتْ لِلنَّاسِ تَأْمُرُونَ بِالْمَعْرُوفِ وَتَنْهَوْنَ عَنِ الْمُنكَرِ

" گویا امر بالمعروف اور نہی عن المنکر اس امت کا فرض قرار پایا۔ یہاں یہ بات نوٹ کرنے کی ہے کہ بہترین امت ہونا غیر مشروط نہیں اگر یہ اپنا فریضہ ادا کرے گی تو بہترین امت قرار پائے گی اور اس کی افادیت سے سرفراز ہو گی لیکن اگر اپنا فریضۂ انجام نہیں دیتی تو سنتِ خداوندی یہی ہے کہ:

لَيسَ لِلْاِنْسَانِ اِلَّا مَا سَعٰى

" یعنی انسان کو وہی کچھ حاصل ہوتا ہے جس کے لئے وہ کوشش کرے۔ یہ نہیں ہو سکتا کہ امت فرض سے روگردانی کرے۔ بد اعمال اور کم حوصلہ ہو۔ نہ اعلائے کلمۃ الحق کرے اور نہ امر بالمعروف کا فریضہ انجام دے اور خدا کے نزدیک پھر بھی بہترین امت اور اس کی محبوب بنی رہے۔ یہ ممکن نہیں۔ یہ تصور یہودیوں کا تو ہے لیکن اسلام کا تصورِ امت یہ نہیں ہے۔ قرآنِ کریم نے صاف کہہ دیا ہے کہ تم بہترین اُمّت ضرور ہو لیکن

صرف اس وقت تک جب کہ اپنے فرائض منصبی کو ادا کرتے رہو۔ اور فرائض انسان قرآن کریم نے بنیادی طور پر تین ہی مقرر فرمائے ہیں۔ یعنی عبادت، خلافت اور اعمالِ صالحہ ان سے بے نیازی تباہی کی علامت ہے۔

اب آخر چند جملے اس انقلاب کے بارے میں عرض کر دوں جو نبی کریم نے انسانی معاشرے میں برپا کر دیا تاکہ اندازہ ہو جائے کہ اب اس ضمن میں بھی لاثانی ہی قرار پاتے ہیں۔ انقلاب کا اندازہ کرنے کے لئے اس سے پہلے کے حالات زیرِ نظر ہونا ضروری ہیں۔

مختصراً یہ کہ دنیا میں ہر جگہ ہر مذہب میں شرک کا دور دورہ تھا۔ اخلاقی اقدار ختم ہو چکی تھیں۔ شراب، جوا، بدکاری، غارت گری شرافت کا معیار بن گئی تھیں۔ علاموں کو ذبح کر دینا، بھوکے شیروں کے سامنے ڈال دینا۔ آپس میں لڑا کر مروا دینا ایک کھیل تماشہ تھا۔ لڑکیوں کو زندہ دفن کر دینا ایک عام رواج تھا۔ وحشیانہ جنگ وجدال۔ انتقام کا نہ ختم ہونے والا چکر روز مرہ کا معمول تھا۔ ہم دیکھتے ہیں کہ نبی کریم ﷺ کی تلقین نے آناً فاناً ان تمام عیوب کو پہلے عرب معاشرے سے ختم کر دیا اور بعد میں یہ روشنی اسلام کے مجاہدوں اور جانبازوں نے تمام دنیا میں پھیلا دی۔

عرب سے کم از کم ان تمام برائیوں کا خاتمہ نبی کریم ﷺ کی زندگی میں ہی ہو گیا تھا۔ اس کے مقابلے میں آپ دوسرے انبیاء کی زندگی پر نظر ڈالیں تو آپ دیکھیں گے کہ یہودی صدیوں تک اپنے انبیاء کو پریشان ہی کرتے رہے بلکہ اکثر کو قتل کر دیا اور ہمیشہ کتابوں میں تحریف کرتے رہے۔ اخلاقی اور معاشرتی قوانین سے بغاوت ہی کرتے رہے۔ حضرت عیسیٰؑ کے ساتھ ان کے قسیس اور رہبانوں نے جو کچھ کیا وہ سب کو معلوم ہے۔ یہاں تک ان کے ایک حواری نے ہی ان کو گرفتار کرا دیا۔ اور عیسائیت کی تبلیغ بھی

حضرت عیسیٰؑ کے صدیوں بعد ہی ممکن ہو سکی۔ چنانچہ یہ دعویٰ غلط نہیں کہ نبوت کے لحاظ سے آپ کی کوئی مثال نہیں۔

آفاقہا گردیدہ ام مہرِ بتاں ورزیدہ ام
بسیار خوباں دیدہ ام لیکن تو چیزے دیگری

***

۴

عدل و انصاف کے پیکر... حضورِ اکرم صَلَّی اللّٰہُ عَلَیْہِ وَسَلَّم

صالح طاہر

عدل کی تعریف ہمارے چند ممتاز اکابرین اس طرح فرماتے ہیں :

(۱) حضرت علی ہجویری و امام غزالی کی نظر میں عدل کا مفہوم یہ ہے کہ

"کسی چیز کو اس کے مناسب مقام پر رکھا جائے"

(۲) سید سلیمان ندوی اس کا مفہوم یہ بتاتے ہیں کہ

"جو بات ہم کہیں یا جو کام کریں اس میں سچائی کی میزان کسی طرف جھکنے نہ پائے"

(۳) سید ابو الاعلیٰ مودودی کی نظر میں

"عدل کا تصور دو مستقل حقیقتوں سے مرکب ہے: ایک یہ کہ لوگوں کے درمیان حقوق میں توازن و تناسب قائم ہو، دوسرے یہ کہ ہر ایک کو اس کا حق بے لاگ طریقے سے دیا جائے..."

گویا عدل و انصاف کے معنی ہیں ہر ایک انسان اور ذی روح سے یکساں اور مناسب سلوک کرنا، تمام لوگوں کو ایک ہی نظر سے دیکھنا، امیر و غریب، گورے کالے، عربی عجمی' اور شاہ گدا کی تمیز کو ختم کرنا۔ ایک اچھے منصف کے لئے یہ بات لازم ہے کہ وہ ان سب کو ایک ہی نظر سے دیکھے۔ اس طرح کے مثالی منصف کو نڈر و بیباک' بے لوث و بے

غرض اور صادق و امین ہونا چاہیے تا کہ وہ ہر کسی کے ساتھ انصاف روا رکھ سکے اور لوگ اس کے سابقہ کردار کو اچھی طرح جانتے ہوں تا کہ سب کو اطمینان ہو کہ اُن کے ساتھ ہر حال میں انصاف ہی ہو گا۔

آیئے ذرا اس ہستی کے شب و روز کا مطالعہ کریں جسے حق تعالیٰ نے رحمت للعالمین بنا کر بھیجا۔ تاریخ کی ورق گردانی سے یہ حقیقت ہم پر روزِ روشن کی طرح عیاں ہو جاتی ہے کہ جب بھی آپ کے سامنے کوئی مقدمہ یا مسئلہ لایا گیا تو آپ نے بلا امتیازِ رنگ و نسل و مذہب ہر کسی کے ساتھ انصاف کیا۔ خواہ آپ سے انصاف کا طالب کوئی اپنا تھا یا غیر...!

اللہ وحدہ لاشریک اس بات پر شاہد ہے کہ اُس نے حضور اکرم صلی اللہ علیہ وسلم کو اس جہاں میں منصفِ اعلیٰ بنا کر بھیجا تھا۔ یہی وجہ ہے کہ اسلام بہت جلد عام لوگوں کے دلوں میں گھر کر گیا۔ ورنہ آپ سے قبل دنیائے عرب جہالت و گمراہی کی اتھاہ گہرائیوں میں ڈبکیاں کھا رہی تھی۔ ہر طرف ظلم و ستم کا دور دورہ تھا۔ حقیقی انصاف نام کی چیز دنیا سے ناپید تھی۔ حالانکہ عدل و انصاف کرنا سب سے مقدم اور اہم فریضہ ہے اس لیے کہ عدل و انصاف کے بغیر معاشرہ قائم نہیں رہ سکتا اور نہ انسانی حقوق کی ادائیگی ہو سکتی ہے۔ اس لئے آپ نے عدل و انصاف کو قائم کرنے کا حکم دیا۔ اس متاعِ بے بہا کو دنیا میں اس طرح متعارف کروایا کہ آپ کے فیصلوں کو مدِ نظر رکھتے ہوئے کئی لوگوں نے اسلام قبول کیا۔ آپ کی مثالی زندگی کے چند روشن واقعات حسبِ ذیل ہیں جو آپ کی شخصیت کے اس پہلو کو اجاگر کرنے میں معاون ثابت ہوں گے:

سردارانِ قریش:

قریش اور عرب کے سرداروں نے حضور علیہ الصلوٰۃ والسلام سے کہا: ہم تمہارے پاس کیسے آ کر بیٹھیں' تمہاری مجلس میں ہر وقت غریب' مفلس اور نچلے طبقے کے لوگ

بیٹھے رہتے ہیں۔ ان لوگوں کو اپنے پاس سے ہٹاؤ تو ہم آکر بیٹھیں گے۔ مگر وہ نبی جو رنگ و نسل' خاک و خون کے بتوں کو توڑنے کے لئے آیا تھا، اُس نے ان سرداروں کی خاطر غریبوں کو دھتکارنے سے انکار کر دیا... یہ واقعہ مفسر حافظ ابن کثیر نے سورۃ الانعام کی آیت ۵۲ کی تفسیر میں ذکر کیا ہے جو اس حقیقت کو نمایاں کرتا ہے کہ آپ کی نظر میں ذات پات کی کوئی تمیز اور ادنیٰ و اعلیٰ کی کوئی اہمیت نہ تھی۔

الصادق والامین:

جبکہ ہر طرف عیاشی کا چرچا اور دھڑے بندی کا دور دورہ تھا، شراب' جوا' زنا اور جھوٹ جیسی برائیاں عام تھیں، اس دور میں بھی لوگ آپ کو 'الصادق والامین' کے نام سے پکارتے اور عزت کی نگاہ سے دیکھتے تھے جو آپ کے منصف ہونے کی روشن دلیل ہے۔

واقعہ حجر اسود:

حجر اسود کے واقعہ کی تفصیل اس طرح ہے کہ خانہ کعبہ کی دیواریں سیلاب کی وجہ سے گر چکی تھیں۔ تمام قبائل نے اُسے دوبارہ تعمیر کرنے میں یکساں کردار ادا کیا تھا۔ لیکن جب حجر اسود کو اس کی جگہ پر نصب کرنے کا موقعہ آیا تو ہر قبیلے کی یہی خواہش تھی کہ یہ شرف انہیں ہی نصیب ہو۔ اب قریب تھا کہ تلواریں میانوں سے باہر آجائیں، ہر طرف خون کی ندیاں بہنا شروع ہو جائیں۔ سمجھ دار لوگ اس معاملے کو نمٹانے کے لئے کعبہ میں جمع ہوئے اور طے پایا کہ کل جو شخص سب سے پہلے کعبہ میں داخل ہو اُسے حَکَم (جج) مان لیا جائے اور وہ جو فیصلہ کرے، وہ سب کے لئے قابل قبول ہو گا۔ اس تجویز پر سب رضامند ہو گئے۔ دوسرے دن سب نے دیکھا کہ 'الامین' ﷺ کعبہ میں سب سے پہلے داخل ہو رہے ہیں۔ سب پکار اٹھے:

« ہذا محمد، ہذا الامین قد رضینا بہ»

"لو، محمد ﷺ آگئے، ان کے فیصلہ پر تو ہم سب ہی خوش ہیں"

آنحضرت صلی اللہ علیہ وسلم نے چادر میں حجر اسود کو رکھا اور سب قبیلوں کے سرداروں کے موقع دیا کہ چادر کو کونوں سے پکڑ کر اوپر اُٹھائیں اور اس نیکی کے کام میں شریک ہوں۔ جب مقدس پتھر اپنی مخصوص جگہ کے برابر پہنچ گیا تو آپ نے اپنے ہاتھ سے اُسے اُٹھا کر دیوار میں نصب کر دیا۔ اس سے سب مطمئن ہو گئے، کسی کو شکایت کا موقعہ نہ ملا اور جس نے سنا آپ کی تعریف کی کیونکہ اس طرح تمام قبیلوں کی نمائندگی ہو گئی۔ (سیرت ابن ہشام مترجم: جلد اوّل)

فاطمہ بنتِ محمد ﷺ بھی قانون سے مستثنیٰ نہ تھیں:

قبیلہ مخزوم کی ایک عورت چوری کے جرم میں پکڑی گئی، وہ ایک امیر گھرانے کی خاتون تھی۔ سردارانِ قریش نے حضرت اسامہ کو بارگاہِ رسالت میں سفارش کے لئے بھیجا جنہیں آپ بہت زیادہ عزیز رکھتے تھے۔ لوگوں کا خیال تھا کہ حضور ﷺ قبیلہ کی عزت کا خیال کرتے ہوئے یقیناً سزا میں تخفیف کر دیں گے۔ اس کے برعکس جب حضور صلی اللہ علیہ وسلم نے حضرت اسامہ کی بات سنی تو آپ کا چہرہ غصے سے سرخ ہو گیا، آپ نے لوگوں کو جمع کیا اور فرمایا: "تم سے پہلی قومیں اسی لیے ہلاک ہو گئیں کہ جب اُن میں سے کوئی بڑا آدمی چوری کرتا تھا تو اُسے چھوڑ دیتے تھے لیکن جب کوئی عام آدمی چوری کرتا تو اس کو سزا دیتے تھے۔ اللہ کی قسم! محمد کی بیٹی فاطمہؓ بھی چوری کرتی تو میں اس کا بھی ہاتھ کاٹ دیتا" (صحیح بخاری و مسلم)

یہ ہے انصاف کا وہ عالی قدر نمونہ کہ اگر مجرم اپنی اولاد بھی ہو تو اسے معاف نہ کیا جائے!

ہجرتِ مدینہ کے موقع پر:

جب کافروں کے ظلم و ستم حد سے بڑھ گئے تو آپ اللہ کی اجازت سے مکہ کو خیر باد کہہ دیا، اس وقت بھی لوگوں کی امانتیں آپ کے پاس تھیں۔ مدینہ چھوڑتے ہوئے حضرت علیؓ کو حکم دیا کہ اگلے دن یہ امانتیں ان کے مالکوں کو لوٹا کر تم بھی مدینے چلے آنا۔ (سیرت ابن ہشام جلد اوّل)

یہ امر اس بات پر دلالت کرتا ہے کہ لوگوں کا اس بات پر یقین کامل تھا کہ آپ کے پاس جو بھی چیز رکھ دی جائے، وہ انہیں اسی طرح واپس مل جائے گی۔ یہ بھی آپ کی منصف مزاجی و امانت داری کی منہ بولتی دلیل ہے۔

جنگ بدر کے قیدی:

حسن سلوک کے سلسلے میں سرکارِ دوعالم کی مساوات پسندی کا یہ عالم تھا کہ آپ نے اپنے اعزہ و اقارب کو بھی عام قیدیوں کی طرح رکھا اور ان کے ساتھ کوئی امتیازی برتاؤ پسند نہ کیا۔

اسیرانِ بدر کی مدینہ منورہ میں پہلی رات تھی اور مسلمانوں نے انہیں خوب کس کر باندھ رکھا تھا۔ ان میں رحمتِ دوعالم کے چچا حضرت عبا ؓ بھی تھے۔ وہ پروردۂ ناز و نعم انسان تھے۔ اس لئے ہاتھ پاؤں کی بندشیں انہیں بہت تکلیف دے رہی تھیں اور وہ درد سے کراہ رہے تھے۔ سرورِ دوعالم ﷺ سے ان کا کراہنا برداشت نہیں ہو رہا تھا' اس لئے آپ بھی جاگ رہے تھے اور مضطرب پھر رہے تھے۔ آپ کی یہ کیفیت دیکھ کر ایک صحابی نے عرض کی :"یارسول اللہ! مزاجِ عالی کیوں بے قرار ہے؟"

فرمایا:"عباس کی کراہوں نے بے تاب کر رکھا ہے۔"

وہ صحابی گئے اور چپکے سے حضرت عباس کی بندشیں ڈھیلی کر آئے۔ تھوڑی دیر بعد

رحمت دو عالم نے حیرت سے پوچھا: "کیا بات ہے' اب عباس کی کراہوں کی آواز نہیں آ رہی ہے؟"

"یا رسول اللہ! میں نے ان کی بندشیں نرم کر دی ہیں"... صحابی نے بتایا۔

"پھر اس طرح کرو" داعی مساوات نے فرمایا "کہ تمام قیدیوں کی بندشیں ڈھیلی کر دو۔" یہ واقعہ بھی آپ کی منصف مزاجی کا شاہد ہے۔ ا

جنگِ حنین کے قیدی:

جنگ حنین میں ۲۴ ہزار اونٹ' ۴۰ ہزار بکریاں' چار ہزار اوقیہ چاندی اور چھ ہزار قیدی مسلمانوں کے ہاتھ لگے تھے" نبی رحمت نے فرمایا: میں اپنے اور بنو عبد المطلب کے قیدیوں کو بلا کسی معاوضہ کے رہا کرتا ہوں۔ انصار و مہاجرین نے کہا: ہم بھی اپنے اپنے قیدیوں کو بلا کسی معاوضہ کے آزاد کرتے ہیں۔ اب بنی سلیمہ و بنی فزارہ رہ گئے، ان کے نزدیک یہ عجیب بات تھی کہ حملہ آور دشمن پر (جو خوش قسمتی سے زیر ہو گیا ہو) ایسا لطف و کرم کیا جائے، انہوں نے اپنے حصے کے قیدیوں کو آزاد نہ کیا۔ نبی صلی اللہ علیہ وسلم نے انہیں بلایا۔ ہر ایک قیدی کی قیمت چھ اونٹ قرار پائی۔ یہ قیمت نبی کریم ﷺ نے خود ادا کر دی اور اس طرح باقی قیدیوں کو بھی آزادی دلائی۔

یہ واقعہ جہاں آپ کی رحمدلی کی گواہی دیتا ہے، وہاں اس حقیقت کو بھی آشکارا کرتا ہے کہ حضور کی منصف پسند طبیعت کو یہ ہرگز پسند نہ تھا کہ چند قیدی تو اپنے رشتہ داروں کی وجہ سے چھوٹ جائیں اور چند کو بدستور قیدی رکھا جائے چنانچہ آپ نے باقی ماندہ کی قیمت ادا کر کے انہیں رہائی دلا دی۔

قرآن سے گواہی:

قرآن پاک میں اللہ تعالیٰ خود اس بات پر شاہد ہیں کہ انہوں نے حضور اکرم کو دنیا

میں انصاف کا حکم دے کر بھیجا ہے۔ حضور کو یہود کے مقدمات میں انصاف کا حکم دے کر اس کی ترغیب اُمت کو دی ہے۔

"(اے رسول ﷺ) جب آپ ان کے درمیان فیصلہ کریں تو عدل کے ساتھ فیصلہ کریں۔ بے شک اللہ تعالیٰ انصاف کرنے والوں کو پسند کرتا ہے"(سورۃ مائدہ:۴۲)

اس کے علاوہ حضور کی زبان سے قرآن میں کہلایا گیا ہے:

"کہو! مجھے یہ حکم دیا گیا ہے کہ تمہارے درمیان عدل کروں"(سورۃ شوریٰ : ۱۵)

دنیا میں کوئی عادل ایسا نہیں ہوگا جس کے عدل کی گواہی خود خالق کائنات نے دی ہو۔

مسلمان اور یہودی کا مقدمہ:

ایک منافق (جو بظاہر مسلمان تھا) اور یہودی کے درمیان کوئی تنازعہ تھا' دونوں حصولِ انصاف کی خاطر حضور اکرم کے پاس چلے گئے۔ حضور صلی اللہ علیہ وسلم نے دونوں کے دلائل سننے کے بعد یہودی کے حق میں فیصلہ دے دیا۔ منافق کو اس کا بہت رنج ہوا اور وہ یہودی کو لیکر حضرت عمر فاروقؓ کے پاس جا پہنچا اور اپنا تنازعہ بیان کیا۔ یہودی نے حضرت عمر فاروقؓ کو بتایا کہ اس سے قبل حضورِ اکرم میرے حق میں فیصلہ کر چکے ہیں۔ یہ سن کر حضرت عمر فارو ؓ نے کہا: میں ابھی فیصلہ کرتا ہوں، آپ اندر گئے اور اپنی تلوار لے آئے اور اُس منافق کا سر تن سے جدا کر دیا اور کہا" جسے حضور کا فیصلہ منظور نہیں، اُس کے لئے عمرؓ کا یہی فیصلہ ہے" گویا رسالت کے تابناک ستارے عمر فاروق ؓ کا یہ یقین ہی نہیں بلکہ ایمان بھی تھا کہ حضور ﷺ کسی کے ساتھ ناانصافی نہیں کر سکتے خواہ اس کا مذہب کچھ ہی کیوں نہ ہو۔ (تفسیر ابن کثیر، سورۃ النساء، آیت ٦٥ کی تفسیر میں، روایت سنداً ضعیف ہے، ادارہ محدث)

مسجد کی تعمیر:

مسجدِ نبوی کی جگہ دو یتیم بچوں کی ملکیت تھی' آپ نے اُس وقت تک اس کی بنیاد نہ رکھی جب تک اُس کی قیمت ادا نہ کر دی۔ اگر آپ چاہتے تو بلا قیمت واجازت مسجد تعمیر کر سکتے تھے۔ لیکن یہ پیکر عدل وانصاف کی شان کے خلاف تھا۔ (سیرت ابن ہشام: جلد اول)

یہودیوں سے معاہدات:

مسلمانوں اور غیر مسلموں کے درمیان مدینہ میں ہونے والے معاہدے کی ایک شرط یہ بھی تھی کہ "ہر طرح کے جھگڑوں کا فیصلہ حضرت محمد صلی اللہ علیہ وسلم خود فرمائیں گے"

یہ بات بھی آپ کی اس صفت کو اور ٹھوس بناتی ہے اور ظاہر کرتی ہے کہ کافروں کو بھی آپ پر پورا اعتماد تھا۔

جیش العسرۃ:

غزوۂ تبوک میں بھوک سے تنگ آ کر چند سپاہیوں نے ریوڑ کی ایک بکری ذبح کر لی' حضور کو پتہ چلا تو آپ ﷺ نے پکی ہوئی ہانڈیاں اپنی کمان سے اُلٹ دیں، اسے حرام ٹھہرایا اور بکری کی قیمت ادا کی گئی۔

صلح حدیبیہ:

صلح حدیبیہ کی شرائط میں سے ایک شرط یہ بھی تھی :

" قریش میں سے اگر کوئی شخص مسلمان ہو کر مدینے چلا جائے تو اسے واپس کر دیا جائے گا لیکن اگر کوئی مسلمان مدینے سے مکے آئے تو اُسے واپس نہیں کیا جائے گا"

اس شرط کے بعد ایک مظلوم صحابی ابو جندل کفار کے ظلم وستم سے تنگ آ کر

مدینے آ گئے۔ جب اہل مکہ نے آکر آپ کو صلح حدیبیہ کی شرائط کی طرف توجہ دلائی تو آپ نے ان سے انصاف کرتے ہوئے ابو جندل کو واپس کر دیا۔(الرحیق المختوم: ص ۵۵۷)

بیویوں سے سلوک:

یہ تو باہر کے معاملات تھے۔ آپ نے عدل و انصاف کے دامن کو اپنے خانگی معاملات میں بھی تھامے رکھا۔ آپ نے تقریباً ہر عمر کی عورتوں سے شادی کی اور اُن سے مساوی سلوک کرتے رہے اور اس طرزِ عمل کو آخری دم تک نبھاتے رہے۔ جب آخری وقت آپ حضرت عائشہ کے حجرہ میں تشریف لائے تو اس سے پیشتر آپ نے تمام اَزواجِ مطہرات سے اجازت حاصل کی تھی۔(صحیح بخاری: باب مرض النبی ووفاتہ، ص ۹۱۶)

مالِ غنیمت کی تقسیم:

مختلف جنگوں سے آپ کے پاس بے شمار مال و متاع آیا کرتا تھا لیکن آپ نے کبھی بھی یہ کوشش نہیں کی کہ میں مقرر شدہ حصہ سے زیادہ مال حاصل کرلوں۔ یہ بات بھی آپ کے انصاف کو اجاگر کرتی ہے۔

عقبہ بن عامر کے ہمراہ سفر:

ایک مرتبہ آپ سفر میں تھے، حضرت عقبہ بن عامر آپ کے ہمراہ تھے لیکن اونٹ ایک ہی تھا۔کچھ دور چلنے کے بعد آپ نے عقبہ سے فرمایا: "اب تم بیٹھ جاؤ میں پیدل چلوں گا' حضرت عقبہؓ ہچکچائے کہ نبی صلی اللہ علیہ وسلم تو پیدل چلیں اور وہ خود اونٹ پر سوار ہوں۔ اس بات کو انہوں نے بے ادبی جانا' لیکن جب آپ نے اصرار فرمایا اور حکم دیا تو ع ھ نے حکم کی تعمیل کی۔

یہ اس عدل وانصاف کی اعلیٰ مثال ہے جو آقا و غلام' ادنیٰ و اعلیٰ کی تفریق کو ختم کر

دیتا ہے۔

صحابہ کرامؓ کے برابر کام کرنا:

مسجدِ قبا کی تعمیر ہو یا خندق کی کھدائی، آپ نے دیگر صحابہ کرامؓ کے دوش بدوش اس میں حصہ لیا اور کسی بھی موقعہ پر دامن انصاف کو ہاتھ سے نہ چھوڑا۔ ایک دفعہ حضورِ اکرم چند صحابہ کے ہمراہ سفر کر رہے تھے، راستے میں کھانے پکانے کی ضرورت پڑی تو تمام صحابہ نے آپس میں کام بانٹ لیا۔ کسی نے کہا: میں یہ کروں گا، کسی نے کہا: میں وہ کروں گا۔ حضور صلی اللہ علیہ وسلم نے کہا: میں آگ جلانے کے لئے لکڑیاں لاؤں گا۔ صحابہؓ نے کہا: آپ کے حصے کا کام بھی ہم کریں گے لیکن آپ نے ایسا کرنے سے انکار کر دیا۔

اسی طرح آپ ﷺ کہیں جا رہے تھے کہ راستے میں آپ کی جوتی کا تسمہ ٹوٹ گیا۔ صحابہؓ نے آگے بڑھ کر عرض کی: یا رسول اللہ! اجازت ہو تو ہم یہ تسمہ گانٹھ دیں لیکن حضور ﷺ نے صحابہؓ کو اس کی اجازت نہ دی... یہ ہے انصاف کہ ایک آقا اپنے غلام سے اپنے آپ کو بڑا نہیں سمجھتا بلکہ ایک راہبر اپنے پیروں کے دوش بدوش مٹی کھودتا اور گارا لاتا ہے۔

اولاد کے درمیان عدل:

والدین کا فرض ہے کہ اولاد کے درمیان مساوی سلوک کریں کیونکہ اسلام کی نگاہ میں دوسرے مذاہب کی طرح عدل میں چھوٹے بڑے کی کوئی تمیز نہیں۔ آج اہل یورپ عدل و انصاف کے علمبردار بنے پھرتے ہیں لیکن آج بھی یورپ کے جن ممالک میں نوابی کا دور دورہ ہے، بڑے بیٹے کو جائداد میں زیادہ حصہ ملتا ہے۔ اسلام اس عدمِ توازن کو مٹاتا ہے۔ آج اسلام ہی ایسا مذہب ہے جو لڑکی کو والدین کے ترکہ میں قانونی شریک ٹھہراتا ہے۔

"ایک دفعہ ایک صحابیؓ نے اپنے ایک بیٹے کو غلام ہبہ کیا' اور حضور صلی اللہ علیہ وسلم کی خدمت میں جا کر چاہا کہ اس معاملہ پر آپ کی گواہی بھی ہو جائے۔ آپ نے پوچھا: کیا دیگر بچوں کو بھی ایک ایک غلام دیا ہے؟ عرض کیا: نہیں تو فرمایا: میں تو ظلم کا شاہد نہ بنوں گا، اسے واپس کر دو" (مسلم: کتاب الہبات)

دشمنوں کا اعتراف:

نبی صلی اللہ علیہ وسلم کی اس صفت کا اعتراف اَعداء بھی کرتے تھے۔ ربیع بن خثیم سے روایت ہے کہ بعثت سے پیشتر بھی لوگ اپنے مقدمات کو نبی صلی اللہ علیہ وسلم کے حضور میں فیصلہ کے لئے لایا کرتے تھے۔ (شفاء: ص ۱۵)

بادشاہوں کو تبلیغ:

حضور صلی اللہ علیہ وسلم نے عالمگیر تعلیمات کو عام کرنے کے لئے بادشاہوں کو تبلیغ کا سلسلہ شروع کیا تھا چنانچہ شہنشاہِ روم جو پوری عیسائی دنیا کا حاکم تھا کو آپ کا خط ملا تو اُس نے آپ کے بارے میں معلومات حاصل کرنے کے لئے حکم دیا کہ حجاز کا کوئی شخص اگر یہاں موجود ہو تو اُسے دربار میں حاضر کیا جائے۔ خدا کی قدرت کہ ابوسفیان (جو ابھی اسلام نہیں لائے تھے) جیسا اسلام کا دشمن تجارت کی غرض سے شام گیا ہوا تھا۔ ساتھیوں سمیت اُسے دربار بلایا گیا۔ قیصر روم اور ابوسفیان کے درمیان جو گفتگو ہوئی، اُس کے چند مکالمات یہ تھے: (صحیح بخاری: ص ۴،۳)

قیصر: تم نے اُسے (محمد ﷺ کو) کبھی جھوٹ بولتے سنا ہے؟

ابوسفیان: نہیں

قیصر: کیا یہ نبی کبھی وعدہ کر کے پھر بھی گیا ہے؟

ابوسفیان: اب تک تو ایسا نہیں ہوا۔ اب جو معاہدہ ہوا ہے، دیکھیں وہ اس کو پورا کرتا

ہے یا نہیں؟

اس مکالمہ سے یہ حقیقت روزِ روشن کی طرح عیاں ہو جاتی ہے کہ جو شخص وعدہ خلافی نہ کرے اور جھوٹ نہ بولے، وہ اپنے پرائے سے انصاف کرنے میں کیا کسر اٹھا رکھے گا۔

بدوی کو جواب: سرق ایک صحابی تھے، ان سے ان کی وجہ تسمیہ دریافت کی گئی تو کہنے لگے کہ ایک بدوی دو اونٹ لے کر آیا، میں نے خرید لئے۔ پھر میں (قیمت لانے کے بہانہ سے) اپنے گھر میں داخل ہوا اور عقب خانہ سے نکل گیا اور اونٹوں کو بیچ کر اپنی حاجت پوری کی۔

میں نے خیال کیا کہ بدوی چلا گیا ہو گا۔ میں واپس آیا تو کیا دیکھتا ہوں کہ وہ کھڑا ہے۔ وہ مجھے پکڑ کر رسول اللہ صلی اللہ علیہ وسلم کی خدمت میں لے گیا اور واقعہ عرض کیا۔ آپ نے مجھ سے پوچھا کہ تم نے ایسا کیوں کیا؟ میں نے عرض کیا: یارسول اللہ! میں نے اونٹوں کو بیچ کر اپنی حاجت روائی کی ہے۔ آپ نے فرمایا کہ بدوی کو قیمت ادا کر دو۔ میں نے عرض کیا کہ میرے پاس کچھ نہیں ہے۔ آپ نے فرمایا کہ تو سرق ہے۔ پھر بدوی سے فرمایا کہ تم اس کو بیچ کر اپنی قیمت وصول کر لو۔ چنانچہ لوگ اس سے میری قیمت پوچھنے لگے۔ وہ ان سے کہتا تھا کہ تم کیا چاہتے ہو؟ وہ کہتے تھے کہ ہم خرید کر اسے آزاد کرنا چاہتے ہیں۔ یہ سن کر بدوی نے کہا کہ میں تمہاری نسبت ثواب کا زیادہ مستحق و خواہاں ہوں۔ اور مجھ سے کہا کہ جاؤ، میں نے تم کو آزاد کر دیا۔ (صحیح بخاری)

اسید بن حضیر کا واقعہ:

ایک انصاری صحابی اُسید بن حضیرؓ سے روایت ہے، انہوں نے کہا کہ ایک روز وہ لوگوں سے باتیں کر رہے تھے۔ ان کا آپس میں مزاح تھا۔ وہ اس وقت انہیں ہنسا رہے

تھے کہ نبی کریم نے انہیں ایک چھڑی سے پیچھے ہٹایا۔ انہوں نے کہا: مجھے بدلہ دیجئے۔ آپ نے فرمایا: مجھ سے بدلہ لو۔ انہوں نے کہا: آپ کے (بدن) پر قمیص ہے اور مجھ پر قمیص نہ تھی تو نبی کریم ﷺ نے اپنی قمیص کچھ اٹھائی۔ انہوں نے حضور کو سینے سے لگالیا اور آپ کا پہلو چومنے لگا۔ انہوں نے کہا یارسول اللہ میں تو یہی چاہتا تھا۔ اسی طرح کا ایک اور واقعہ اور ملاحظہ ہو۔

آنحضرت صلی اللہ علیہ وسلم جنگِ بدر کے لئے صف آرائی کر رہے تھے۔ حضرت سواد بن غزیہ انصاری صف سے آگے نکلے ہوئے تھے۔ آپ نے ایک تیر کی لکڑی سے ان کے پیٹ کو ٹھوکا دیا اور فرمایا۔

اِستوِ یاسواد "اے سواد! برابر ہو جاؤ" اس پر سواد نے حضور سے قصاص طلب کیا۔ آپ نے فوراً اپنا شکم مبارک ننگا کر دیا اور فرمایا "قصاص لے لو" (سیرت ابن ہشام)

سبحان اللہ! انصاف پسند ہو تو ایسا جو نہ صرف دوسروں کے بارے میں عدل کرے بلکہ خود بھی اس کے لئے ہر وقت تیار رہے۔

کھجوریں اُدھار لینا:

ایک دفعہ آنحضرت نے ایک شخص سے کھجوریں اُدھار لیں۔ کچھ مدت کے بعد اس نے تقاضا کیا۔ حضور نے ایک انصاری صحابی سے اس شخص کو کھجوریں دینے کے لئے فرمایا۔ کھجوریں دی گئیں تو اس نے یہ کہہ کر لینے سے انکار کر دیا کہ میری کھجوریں بہتر تھیں۔ انصاری صحابی نے کہا کہ تم حضور کی کھجوریں لینے سے انکار کرتے ہو۔ وہ بولا: اگر رسول اللہ عدل نہ کریں گے تو اور کون عدل کرے گا؟ حضور نے یہ جملے سنے تو آپ کی آنکھوں میں آنسو بھر آئے اور فرمایا کہ بالکل سچ ہے!

فتح مکہ:

جب مکہ فتح ہوا تو آپ کی راہ میں کانٹے بچھانے والے، آپ پر اوجھریاں ڈالنے والے، آپ کے قتل کی سازشیں کرنے والے سب سر جھکائے ہوئے کھڑے تھے ... آپ نے فرمایا:

"لوگو! تمہارا کیا خیال ہے؟ میں تمہارے ساتھ کیا سلوک کرنے والا ہوں؟"

انہوں نے کہا: "اچھا... آپ کریم بھائی ہیں اور کریم بھائی کے بیٹے ہیں۔"

آپ نے فرمایا: « لَا تَثْرِیْبَ عَلَیْکُمُ الْیَوْمَ ' اِذْہَبُوْا فَاَنْتُمُ الطُّلَقَاءُ»

"آج تم پر کوئی سرزنش نہیں' جاؤ تم سب آزاد ہو۔"

حالانکہ اگر آپ چاہتے تو ان ظالموں سے بدلہ لے سکتے تھے جن کی وجہ سے نہ صرف آپ بلکہ دوسرے صحابہؓ کو بھی بے پناہ مشکلات کا سامنا کرنا پڑا تھا لیکن آپ نے بلا تفریق سب کو معاف کر دیا۔

مساواتِ محمدی:

"اہل عرب آزاد شدہ غلاموں کو بھی کمتر اور حقیر سمجھتے تھے۔ سرکارِ دوعالم نے ان نظریات کو باطل کرنے کے لئے ایک طرف تو خطبے میں یہ اعلان فرما دیا کہ جاہلیت کا غرور اور انساب کی بنا پر برتری کے دعوے اللہ تعالیٰ نے باطل قرار دے دیئے ہیں، دوسری طرف اس مساوات کا عملی مظاہرہ یوں کیا کہ جب آپ مکہ میں داخل ہوئے تو حضرت اُسامہؓ کو اپنے پیچھے بٹھا رکھا تھا' اور جب کعبہ میں داخل ہوئے تو حضرت اُسا ؓ اور حضرت بلا ؓ کی معیت میں داخل ہوئے' حالانکہ وہاں ابو بکر و عمر' عثمان و علی رضی اللہ عنہم سبھی موجود تھے۔ مگر رحمتِ دوعالم نے اپنی معیت کا اعزاز ایک غلام اور ایک غلام زادے کو بخشا' تاکہ اہل مکہ مساواتِ محمدی کا یہ نظارہ اپنی آنکھوں سے دیکھ لیں۔

اسلامی عدالت کے کھلے دروازے: حضور اکرم صلی اللہ علیہ وسلم کا ارشاد ہے کہ

«من ولي عن امرالناس شيا ثم اغلق بابہ دون المسلمين اوالمظلوم اوذي الحاجة اغلق الله دونہ ابواب رحمتہ عند حاجتہ وفقره افقرما يكون إليہ»

"لوگوں کے کاموں میں سے کسی کام کا جو شخص ذمہ دار بنایا جائے اور پھر وہ اپنا دروازہ مسلمانوں یا مظلوم اور ضرورتمند انسانوں پر بند کرے تو اللہ بھی ایسے شخص پر اپنی رحمت کے دروازوں کو اس کی اس ضرورت اور محتاجی پر بند کر لیتا ہے جس میں وہ سب سے زیادہ مضطر ہوتا ہے" (مشکوٰۃ کتاب الامارۃ)

بیت اللہ کی چابیاں:

ایک دفعہ حضور صلی اللہ علیہ وسلم نے عثمان بن طلحہؓ سے کہا کہ بیت اللہ کھول دو لیکن اس نے ایسا نہ کیا۔ آپ نے فرمایا: اے عثمانؓ! دیکھنا ایک دن یہ چابی میرے پاس ہو گی۔ فتح مکہ کے موقع پر آپ نے عثمان بن طلحہ سے وہی چابی لی اور بیت اللہ کا دروازہ کھول کر خانۂ خدا کو بتوں سے پاک کیا۔ حضرت عباس نے حضورِ اکرم سے کہا کہ "یہ چابی بنو ہاشم کو دے دی جائے" لیکن حضور صلی اللہ علیہ وسلم نے چابی پھر عثمان بن طلحہ کو لوٹا دی جو مدت سے بیت اللہ کا کلید بردار چلا آ رہا تھا۔ اگر آپ چاہتے تو یہ چابی اپنے خاندان والوں کو بھی عطا کر سکتے تھے لیکن آپ نے چابی اصل حقدار کو لوٹا دی۔

کنواں زم زم کا ڈول:

آبِ زم زم کے کنویں کا ڈول آپ نے اس لئے خود نہ نکالا کہ کہیں قریش والے (ہاشمی) اس کو اپنا ہی حق نہ سمجھ لیں اور اس طرح دوسروں کی حق تلفی نہ ہو جائے۔

آخری خطبہ:

اس تاریخی و بے مثال خطبہ میں جہاں آپ نے ذات پات' رنگ و نسل کے بتوں کو پاش پاش کیا، عورتوں اور غلاموں سے نیک سلوک کا حکم دیا۔ سود اور زمانہ جاہلیت کے

تمام جھگڑوں کو ختم فرمایا، وہاں آپ کے الفاظ یہ بھی ہیں: "اپنے آپ کو بے انصافی سے بچائے رکھو"

وصال سے چند روز قبل:

دنیا میں آج تک ایسا کوئی عادل نہیں گزرا جو یہ بات وثوق سے کہہ سکے کہ اس نے کبھی کسی سے ناانصافی نہیں کی اور اس پر اپنے آپ کو محاسبہ کے لئے پیش کرے لیکن آفرین صد آفرین اس اُمی عادل ﷺ پر کہ جس نے راہِ عدم کو سدھارتے ہوئے بھی کہا تھا:

"اگر کسی شخص کا حق مجھ پر ہو تو بتادے"

ایک نے کہا کہ حضور نے ایک مسکین کو مجھ سے تین درہم دلائے تھے، وہ نہیں ملے۔ یہ درہم آنحضرتؐ نے اسی وقت ادا کر دیئے۔

مندرجہ بالا تمام واقعات اس بات کا زندہ و پائندہ ثبوت ہیں کہ آپ نے ہر حال میں طالبانِ انصاف سے انصاف کیا۔ لیکن آج جب ہم اپنے ارد گرد نظر دوڑا کر دیکھتے ہیں تو انسانیت تڑپتی اور سسکتی ہوئی نظر آتی ہے۔ آج منصف کی آنکھوں میں زر و جواہر کی خاک ڈال کر اندھا کر دیا جاتا ہے۔ اس کے ضمیر و قلم کو سفارش و رشوت کی زنجیروں سے جکڑ دیا جاتا ہے تا کہ وہ صحیح فیصلہ کرنے سے قاصر رہے۔ آج وہ دور آگیا ہے کہ لوگوں کو ناکردہ گناہوں کی پاداش میں سالوں کو ٹھڑیوں میں بند رکھا جاتا ہے۔ ماں کی کوکھ سے آزاد جنم لینے والے انسان کو حق کا ساتھ دینے کے جرم میں جور و جفا کی چکی میں پیسا جاتا ہے۔

حصولِ انصاف کا طریقہ بھی اس قدر فرسودہ اور ناکارہ ہے کہ انصاف کے طالبوں کو سالوں انتظار کرنا پڑتا ہے۔ حالانکہ ٹھوس شہادتیں موجود ہوتی ہیں۔ لیکن انصاف کے موجودہ ناخدا بندۂ ہوا و ہوس اس بات کے منتظر رہتے ہیں کہ کوئی آئے اور ان کی داڑھ

گرم کرنے کا سامان پیدا کرے۔ اگر یہ بات نہیں ہے تو کوئی بتائے کہ بالکل سیدھے سادھے مقدمات کو نمٹانے کے لئے لوگوں کو سالوں عدالتوں کے چکر کیوں کاٹنے پڑتے ہیں۔

قابل ستائش تھا وہ دور جب لوگ ہر لحاظ سے محفوظ تھے، کسی کی جان و آبرو کو کوئی کھٹکا نہیں تھا۔ آج ہمارے معاشرے کو اس طرزِ انصاف کی ضرورت نہیں بلکہ اس عدل و انصاف کی ضرورت ہے جس کی طرح نبی ٔعادل محمد صلی اللہ علیہ علیہ وآلہ وسلم اور دیگر خلفائے راشدین وصحابہ کرام نے ڈالی تھی!

نوٹ:

ا. ادارہ محدث کی طرف سے زیر نظر مضمون میں پیش کردہ واقعات کے حوالہ جات تلاش کئے گئے ہیں، باوجود کوشش بسیار کے اس واقعہ کا حوالہ میسر نہیں آسکا لیکن اس سے ملتا جلتا واقعہ تفسیر ابن کثیر میں سورۃ انفال کی آیت ۷۰ کے تحت ان الفاظ میں موجود ہے کہ ایک حضرت عباس کو ایک انصاری صحابی نے گرفتار کرلیا، یہ بہت مالدار تھے۔ انہوں نے سو اوقیہ سونا اپنے فدیہ میں دیے۔ بعض انصاریوں نے سرکارِ نبوت ﷺ کی خدمت میں گذارش کی کہ ہم چاہتے ہیں کہ عباس کو بغیر فدیہ لئے آزاد کردیں لیکن مساواتِ محمدیؐ کے علم بردار صلی اللہ علیہ وسلم نے فرمایا: ایک چونی بھی کم نہ لینا۔

***

۵

ربیع الاول اور جشن تذکارِ ولادت نبوی

ابوالکلام آزاد

آن راز کہ در سینہ نہانست نہ وعظ ست
بر دار تواں گفت، بہ منبر نہ تراں گفت!

عزیزانِ ملت! ماہِ ربیع الاول کا ورود تمہارے لئے ایک پیغامِ عام ہوتا ہے۔ کیونکہ تم کو یاد آجاتا ہے کہ اسی مہینے کے ابتدائی ہفتوں میں خدا کی رحمتِ عامہ کا دنیا میں ظہور ہوا، اور اسلام کے داعی برحق کی پیدائش سے دنیا کی دائمی غمگینیاں اور سرگشتگیاں ختم کی گئیں۔

صلی اللہ علیہ وعلی آلہ وصحبہ وسلم!

تم خوشیوں اور مسرتوں کے ولولوں سے معمور ہو جاتے ہو، تمہارے اندر رسولِ برحق کی محبت و شیفتگی ایک بے خودانہ جوشِ محویت پیدا کر دیتی ہے۔ تم اپنا زیادہ سے زیادہ وقت اسی کی یاد میں، اسی کے تذکرہ میں، اور اسی کی محبت کے لذت و سرور میں بسر کرنا چاہتے ہو۔

پس کیا مبارک ہیں وہ دل جنہوں نے اپنی محبت و شیفتگی کے لئے رب السماوات و الارض کے محبوب کو چنا! اور کیا پاک و مطہر ہیں وہ زبانیں جو سید المرسلین و رحمۃ للعالمین

صلی اللہ علیہ وسلم کی مدح و ثنا میں زمزمہ سنج ہوئیں!... انہوں نے اپنی محبت و شیفتگی کے لئے اس کی محبوبیت کو دیکھا جس کو خود خدا نے اپنی چاہتوں اور محبتوں سے ممتاز کیا، اور ان کی زبانوں نے اس کی مدح و ثنا کی جس کی مدح و ثنا میں خود خدا کی زبان، اس کے ملائکہ اور قدوسیوں کی زبان اور کائناتِ ارضی کی تمام پاک روحوں اور سعید ہستیوں کی زبان، ان کی شریک و ہم نوا ہے:

﴿إِنَّ اللَّهَ وَمَلٰٓئِكَتَهُ يُصَلُّونَ عَلَى النَّبِيِّ ۚ يٰٓأَيُّهَا الَّذِينَ ءَامَنُوا صَلُّوا عَلَيْهِ وَسَلِّمُوا تَسْلِيمًا - ٥٦﴾..... سورة الاحزاب

کائناتِ ہستی کی محبوبیتِ اعلیٰ

بلاشبہ محبتِ نبوی کے یہ پاک ولولے اور یہ مخلصانہ ذوق و شوق تمہاری زندگی کی سب سے زیادہ قیمتی متاع ہے اور تم اپنے ان پاک جذبات کی جتنی بھی حفاظت کرو، کم ہے۔ تمہارا یہ حبِ الٰہی ہے، تمہاری یہ محبتِ ربانی ہے، تمہاری یہ شیفتگی انسانی سعادت اور راست بازی کا سرچشمہ ہے، تم اس وجودِ مقدس و مطہر کی محبت رکھتے ہو جس کو تمام کائناتِ انسانی میں سے تمہارے خدا نے ہر طرح کی محبوبیتوں اور ہر قسم کی محمودیتوں کے لئے چن لیا، اور محبوبیتِ عالم کا خلعتِ اعلیٰ صرف اسی کے وجودِ اقدس پر راست آیا، کرۂ ارضی کی سطح پر انسان کے لئے بڑی سے بڑی بات جو لکھی جاسکتی ہے، زیادہ سے زیادہ محبت جو کی جاسکتی ہے، اعلیٰ سے اعلیٰ مدح و ثنا جو کی جاسکتی ہے، غرض کہ انسان کی زبان انسان کے لئے جو کچھ کہہ سکتی اور کر سکتی ہے، وہ سب کا سب صرف اسی ایک انسانِ کامل واکمل کے لئے ہے، اور اس کا مستحق اس کے سوا کوئی نہیں!!

مقصود ما ز دیر و حرم جز حبیب نیست
ہر جا کنیم سجدہ بداں آستاں رسد

وللہ در ما قال:

عبارا تنا شتی وحسنک واحد

وکل اِلی ذاک الجمال یشیر!

خدا کی اُلوہیت و ربوبیت جس طرح وحدہ لاشریک ہے کہ کوئی ہستی اس کی شریک نہیں، اسی طرح اس انسانِ کامل کی انسانیتِ اعلیٰ اور عبدیتِ کبریٰ بھی یکتا و منفرد ہے کیونکہ اس کی انسانیت و عبدیت میں کوئی اس کا ساجھا نہیں، اور اس کے حسن و جمالِ فردانیت کا کوئی مساوی نہیں۔

یہی وجہ ہے کہ قرآنِ حکیم میں تم دیکھتے ہو کہ تمام انبیاءِ کرام علیہم الصلوٰۃ والسلام کا ذکر جہاں کہیں کیا گیا، وہاں ان سب کو ان کے ناموں سے پکارا ہے، اور ان کے واقعات کا بھی ذکر کیا ہے تو ان کے ناموں کے ساتھ کیا ہے۔ لیکن اس انسانِ کامل، اس فردِ اکمل کا اکثر مقامات میں اس طرح ذکر کیا ہے کہ نہ تو اس کا نام لیا گیا، نہ ہی کسی دوسرے وصف سے نامزد کیا گیا، بلکہ صرف 'عبد' کے لفظ سے اس کے پروردگار نے اسے یاد فرمایا:

﴿سُبحٰنَ الَّذی اَسریٰ بِعَبدِهٖ لَیلًا مِنَ المَسجِدِ الحَرامِ اِلَی المَسجِدِ الاَقصَا..... ١﴾..... سورة الاسراء

"کیا پاک ہے وہ خداوندِ قدوس جس نے ایک رات اپنے 'عبد' کو مسجد حرام سے مسجد اقصیٰ تک کی سیر کرائی"

سورۂ جن میں فرمایا:

﴿وَاَنَّهٗ لَمّا قامَ عَبدُ اللّٰهِ یَدعوهُ کادوا یَکونونَ عَلَیهِ لِبَدًا ١٩﴾..... سورة الجن

"اور جب اللہ کا بندہ (عبد) تبلیغ حق کے لئے کھڑا ہوتا ہے تا کہ اللہ کو پکارے، تو کفار اس کو اس طرح گھیر لیتے ہیں گویا قریب ہے کہ اس پر آ گریں گے۔"

سورۂ کہف کو اس آیت سے شروع کیا:

﴿الحَمدُ لِلّٰهِ الَّذی اَنزَلَ عَلیٰ عَبدِهِ الکِتٰبَ...... ١﴾..... سورة الکهف

"تمام تعریفیں اللہ کے لئے ہیں جس نے اپنے 'عبد' پر کتاب اتاری۔"

سورۂ فرقان کی پہلی آیت ہے

﴿تبارَکَ الَّذی نَزَّلَ الفُرقانَ عَلیٰ عَبدِہِ لِیَکونَ لِلعٰلَمینَ نَذیرًا ١﴾..... سورة الفرقان

"کیا ہی پاک ذات ہے اس کی جس نے 'الفرقان' اپنے 'عبد' پر اتارا تاکہ وہ تمام عالم کے لئے ڈرانے والا ہو۔"

اسی طرح سورہ نجم:۱۰ میں کہا:

﴿فَاَوحیٰ إِلیٰ عَبدِہِ ما اَوحیٰ ١٠﴾

حدید:۳۳ میں کہا:﴿یُنَزِّلُ عَلَی "عَبْدِہ" آیاتٍ﴾پس ان تمام مقامات میں آپ کا اسم گرامی نہیں لیا، بلکہ اس کی جگہ صرف 'عبد' فرمایا۔ حالانکہ بعض دیگر انبیاء کے لئے اگر 'عبد' کا لفظ فرمایا ہے تو اس کے ساتھ نام کی تصریح بھی کر دی ہے۔ سورۂ مریم:۲ میں حضرت زکریاؑ کے لئے فرمایا:

﴿ذِکرُ رَحمَتِ رَبِّکَ عَبدَہُ زَکَرِیّا ٢﴾

سورۃ ص:۱۷ میں کہا:﴿واذکر عبدنا داود﴾

نیز ﴿وَاذْکرْ عَبْدَنَا اَیوْبَ﴾ ص:۴۱

اس خصوصیت و امتیاز سے اسی حقیقت کو واضح کرنا مقصودِ الٰہی تھا کہ اس وجودِ گرامی کی عبدیت اور بندگی اس درجہ آخری و مرتبہ قصویٰ تک پہنچ چکی ہے جو انسانیت کی انتہا ہے، اور جس میں اور کوئی 'عبد' اس عبدِ کامل کے مساوی نہیں۔ پس عبدیت کا فردِ کامل وہی ہے اور اس لئے بغیر اضافت و نسبت کے صرف 'عبد' کا لقب اس کو ناموں اور علموں کی طرح پہنچوا دیتا ہے۔ کیونکہ تمام کائناتِ ہستی میں اس کا سا اور کوئی عبد نہیں! پس یہ وہ تھا کہ اس کی صفات کا یہ حال ہے۔ اس کی محبت و محبوبیت کا خود رب السماوات والارض نے اعلان کیا، اور اس کی رحمت کو اپنی ربوبیت کی طرح تمام عالمین

محیط کر دیا، اور اس کی رحمت کو صفاتِ رافت و رحمت سے متصف فرمایا۔ اس کو تمام قرآنِ حکیم میں کبھی بھی نام لے کر نہ پکارا، بلکہ کبھی صدائے عزت سے نوازا کہ

﴿یٰاَیُّہَا الرُّسُلُ﴾

اور کبھی طریق محبت سے پکارا کہ

﴿یٰاَیُّہَا المُزَّمِّلُ ١﴾....سوۃر المزمل

"اس کے وجود کی عزت و عظمت کو اپنی عزت کی طرح اپنے بندوں پر فرض کر دیا، اور جابجا حکم دیا کہ ﴿تَعزِّرُوْهُ وَتُوَقِّرُوْهُ﴾(الفتح: ٩)"اس کی عزت کرو اور اس کی توقیر بجالاؤ" پھر وہ کہ اس کی محبوبیتوں اور عظمتوں کا یہ حال تھا کہ اس کا وجودِ مقدس و اطہر تو بڑی چیز ہے، وہ جس آبادی میں بسا اور جس شہر کی گلیوں میں چلا پھرا، اس کی عزت کو بھی خدائے زمین و آسمان نے تمام عالم میں نمایاں کیا:

﴿لا أُقسِمُ بِہٰذَا البَلَدِ ١ وَاَنتَ حِلٌّ بِہٰذَا البَلَدِ ٢﴾..... سورة البلد

"ہم مکہ کی قسم کھاتے ہیں، اس لئے کہ تیرا وجود اس کی سرزمین میں رہا اور بسا ہے۔"

ومن مذہبي حب الديار لاہلہا
وللناس فيما يعشقون مذاہب
جشن حصول و ماتم ضياع

لیکن جبکہ تم اس ماہِ مبارک میں یہ سب کچھ کرتے ہو، اور اس ماہ کے واقعہ ولادت کی یاد میں خوشیاں مناتے ہو، تو اس کی مسرتوں کے اندر تمہیں کبھی اپنا وہ ماتم بھی یاد آتا ہے جس کے بغیر اب تمہاری کوئی خوشی نہیں ہو سکتی؟ کبھی تم نے اس حقیقت پر بھی غور کیا ہے کہ یہ کس کی پیدائش ہے جس کی یاد کے لئے تم سر و سامان جشن کرتے ہو؟ یہ کون تھا جس کے دنیا میں آنے پر تمہارے لئے خوشیوں اور مسرتوں کا ایسا عزیز پیغام ملا؟ اگر اس مہینہ کی آمد تمہارے لئے مسرت کا پیام ہے، کیونکہ اسی مہینے میں وہ آیا جس نے تم کو

عالمگیر پیام دیا تھا، تو میرے لئے اس سے بڑھ کر اور کسی مہینے میں افسوس نہیں، کیونکہ اس مہینے میں پیدا ہونے والے نے جو کچھ ہمیں دیا تھا، وہ سب کچھ ہم نے کھو دیا۔ اس لئے اگر یہ ماہ ایک طرف محسن کی یاد تازہ کرتا ہے، تو دوسری طرف کھونے والوں کے زخم کو بھی تازہ ہو جانا چاہیئے

ما خانہ زمید کان ظلمیم
پیغام خوش از دیار ما نیست

تم اپنے گھروں کو مجلسوں سے آباد کرتے ہو، مگر تمہیں اپنے دل کی اُجڑی ہوئی بستی کی بھی کچھ خبر ہے؟ تم کافوری شمعوں کی قندیلیں روشن کرتے ہو، مگر اپنے دل کی اندھیاری کو دور کرنے کے لئے کوئی چراغ نہیں ڈھونڈھتے؟ تم پھولوں کے گلدستے سجاتے ہو، مگر تمہارے اعمالِ حسنہ کا پھول مرجھا گیا ہے، تم گلاب کے چھینٹوں سے اپنے رومال و آستین کو معطر کرنا چاہتے ہو، مگر تمہاری غفلت، کہ تمہاری عظمت اسلامی کی عطر بیزی سے دنیا کی مشامِ روح یکسر محروم ہے!

کاش تمہاری مجلسیں تاریک ہوتیں، تمہارے اینٹ اور چونے کے مکانوں کو زیب و زینت کا ایک ذرّہ نصیب نہ ہوتا، تمہاری آنکھیں رات رات بھر مجلس آرائیوں میں نہ جاگتیں، تمہاری زبانوں سے ماہ ربیع الاول کے لئے دنیا کچھ نہ سنتی، مگر تمہاری روح کی آبادی معمور ہوتی، تمہارے دل کی بستی نہ اُجڑتی، تمہارا طالع خفتہ بیدار ہوتا اور تمہاری زبانوں سے نہیں، مگر تمہارے اعمال کے اندر سے اُسوۂ حسنہ نبوی کی مدح و ثنا کے ترانے اُٹھتے:

﴿فَإِنَّها لا تَعمَى الأَبصٰرُ وَلٰكِن تَعمَى القُلوبُ الَّتى فِى الصُّدورِ ٤٦﴾..... سورة الحج

مجھے یہ ڈر ہے دل زندہ، تو نہ مر جائے
کہ زندگانی عبارت ہے تیرے جینے سے!

پھر وہ قوم، اور صدا... اس قوم کی عظمت و نادانی، جس کے لئے ہر جشن و مسرت میں پیامِ ماتم ہے، اور جس کی حیات قومی کا ہر قہقہہ عیش فغاں حسرت ہو گیا ہے، مگر نہ تو ماضی کی عظمتوں میں اس کے لئے کوئی منظر عبرت ہے، نہ حال کے واقعات و حوادث میں کوئی پیامِ تنبہ و ہوشیاری ہے، اور نہ مستقبل کی تاریکیوں میں زندگی کی کسی روشنی کو اپنے سامنے رکھتی ہے۔ اسے اپنی کام جوئیوں اور جشن و مسرت کی بزم آرائیوں سے مہلت نہیں، حالانکہ اس کے جشن وطرب کے ہر ورود میں ایک نہ ایک پیامِ ماتم و عبرت بھی رکھ دیا گیا ہے۔ بشرطیکہ آنکھیں دیکھیں، کان سنیں اور دل کی دانائی غفلت و سرشاری نے چھین نہ لی ہو:

﴿إِنَّ فِى ذَٰلِكَ لَذِكْرَىٰ لِمَن كَانَ لَهُۥ قَلْبٌ أَوْ أَلْقَى ٱلسَّمْعَ وَهُوَ شَهِيدٌ ٣٧﴾..... سورة ق

ظہور و مقصدِ ظہور

ماہِ ربیع الاول کی یاد میں ہمارے لئے مسرت کا پیام اس لئے تھا کہ اسی مہینے میں خدا کا وہ فرمانِ رحمت دنیا میں آیا جس کے ظہور نے دنیا کی شقاوت و حرمانی کا موسم بدل دیا، ظلم و طغیان اور فساد و عصیان کی تاریکیاں مٹ گئیں، خدا اور اس کے بندوں کا ٹوٹا ہوا رشتہ جڑ گیا، انسانی اُخوت و مساوات کی یگانگت نے دشمنیوں اور کینوں کو نابود کر دیا، اور کلمہ کفر وضلالت کی جگہ کلمہ حق وعدالت کی بادشاہت کا اعلانِ عام ہوا۔ لیکن دنیا شقاوت وحرمانی کے درد سے پھر دکھیا ہو گئی، انسانی شر وفساد اور ظلم وطغیان کی تاریکی خدا کی روشنی پر غالب ہونے کے لئے پھیل گئی۔ سچائی اور راست بازی کی کھیتیوں نے پامالی پائی او رانسانوں کے بے راہ گلہ کا کوئی رکھوالا نہ رہا۔ خدا کی وہ زمین جو صرف خدا ہی کے لئے تھی، غیروں کو دے دی گئی اور اس کے کلمہ حق وعدل کے غمگساروں اور ساتھیوں سے اس کی سطح خالی ہو گئی :

﴿ظَهَرَ الفَسادُ فِی البَرِّ وَالبَحرِ بِما كَسَبَت اَيدِی النّاسِ.....
.... سورة الروم ٤١﴾

"زمین کی خشکی اور تری دونوں میں انسان کی پیدا کی ہوئی شرارتوں سے فساد پھیل گیا۔"

پھر تم اس کے آنے کی خوشیاں تو مناتے ہو، پر اس کے ظہور کے مقصد سے غافل ہو گئے ہو، اور وہ جس غرض کے لئے آیا تھا، اس کے لئے تمہارے اندر کوئی ٹیس اور چبھن نہیں...؟

یہ ماہ ربیع الاول اگر تمہارے لئے خوشیوں کی بہار ہے، تو صرف اس لئے کہ اسی مہینے میں دنیا کی خزانِ ضلالت ختم ہوئی، اور کلمہ حق کا موسم ربیع شروع ہوا، پھر اگر آج دنیا کی عدالت سمومِ ضلالت کے جھونکوں سے مرجھا گئی ہے، تو اے غفلت پرستو! تمہیں کیا ہو گیا ہے کہ بہار کی خوشیوں کی رسم تو مناتے ہو، مگر خزاں کی پامالیوں پر نہیں روتے...!!

منور شریعت

اس موسم کی خوشیاں اس لئے تھیں کہ اسی میں اللہ کی عدالت کی وہ 'پر نور شریعت' کوہِ فاران پر نمودار ہوئی جس کی سعیر کی چوٹیوں پر صاحبِ تورات کو خبر دی گئی تھی، اور جو مظلومی کے آنسو بہائے، مسکینی کی آہیں نکالنے، ذلت و نامرادی سے ٹھکرائے جانے کے لئے دنیا میں نہیں آئی تھی، بلکہ اس لئے آئی تھی تاکہ اعداءِ حق و عدالت ناکامی کے آنسو بہائیں، دشمنانِ الٰہی مسکینی کے لئے چھوڑ دیئے جائیں، ضلالت و شقاوت، نامرادی و ناکامی کی ذلت سے ٹھکرائی جائے، اور سچائی و راستی کا عرش عظمت و اجلال نصرتِ الٰہی کی کامرانیوں اور اقبال و فیروزی کی فتح مندیوں کے ساتھ تمام کائناتِ ارضی میں اپنی جبروتیت و قدوسیت کا اعلان کرے۔ پس وہ اللہ کے ہاتھ کی چمکائی ہوئی ایک تلوار تھی

جس کی ہیبت و قہاریت نے باطل پرستی کی تمام طاقتوں کو لرزا دیا اور کلمہ حق کی بادشاہت اور دائمی فتح کی دنیا کو بشارت سنائی :

﴿ہُوَ الَّذِی اَرسَلَ رَسولَہٗ بِالہُدیٰ وَدینِ الحَقِّ لِیُظہِرَہٗ عَلَی الدّینِ کُلِّہٖ وَلَو کَرِہَ المُشرِکونَ ٣٣﴾..... سورۃ التوبۃ

"وہ اللہ ہی ہے جس نے اپنے رسول کو دنیا کی سعادت کے قیام اور ضلالت کی مقہوریت کے لئے دین حق کے ساتھ بھیجا تاکہ وہ تمام دینوں پر اسے غالب کر دے، پس اس کی حقانیت کی طاقت ہی آخر میں دائمی اور عام فتح پانے والی ہے۔ اگرچہ مشرکوں پر ایسا ہونا بہت ہی شاق گزرے۔"

وہ ذلت کا زخم نہ تھا بلکہ نامرادی کا زخم لگانے والا ہاتھ تھا، وہ مظلومی کی تڑپ نہ تھی بلکہ ظلم کو تڑپانے والی شمشیر تھی، وہ مسکینی کی بیقراری نہ تھی، بلکہ دنیا کو بیقرار کرنے والوں نے اس سے بیقراری پائی، وہ درد و کرب کی کروٹ نہ تھی، بلکہ درد و کرب میں مبتلا کرنے والوں کو اس سے بے چینی کا بستر ملا۔ وہ جو کچھ لایا اس میں غمگینی کی چیخ نہ تھی، ماتم کی آہ نہ تھی، ناتوانی کی بے بسی نہ تھی، اور حسرت و مایوسی کا آنسو نہ تھا، بلکہ یکسر شادمانی کا غلغلہ تھا، جشن و مراد کی بشارت تھی، کامیابی و عیش فرمائی کی بہار تھی، طاقت اور فرمان فرمائی کا اِقبال تھا، امید اور یقین کا خندہ عیش تھا، زندگی اور فیرومندی کا پیکر و تمثال تھا، فتح مندی کی ہیشگی تھی اور نصرت و کامرانی دائمی :

﴿إِنَّ الَّذینَ قالوا رَبُّنَا اللَّہُ ثُمَّ استَقٰموا تَتَنَزَّلُ عَلَیہِمُ المَلٰئِکَۃُ اَلّا تَخافوا وَلا تَحزَنوا وَاَبشِروا بِالجَنَّۃِ الَّتی کُنتُم توعَدونَ ٣٠ نَحنُ اَولیاؤُکُم فِی الحَیوٰۃِ الدُّنیا وَفِی الاٰخِرَۃِ ۚ وَلَکُم فیہا ما تَشتَہی اَنفُسُکُم وَلَکُم فیہا ما تَدَّعونَ ٣١﴾.... سورۃ فصلت

"اللہ کے وہ صالح بندے جنہوں نے دنیا کی تمام طاقتوں سے کٹ کر کہا کہ اللہ ہی ہمارا رب ہے اور اس کے سوا کوئی نہیں، پھر ساتھ ہی اس پر جم گئے اور ثابت قدمی کے ساتھ اپنی خدا پرستی کو قائم کیا، سو وہ لوگ ہیں کہ کامرانی و فتح مندی کے لئے خدا نے ان

کو چن لیا ہے وہ اپنے ملائکہ نصرت کو ان پر بھیجتا ہے جو ہر دم پیام شادمانی و کامیابی پہنچاتے ہیں کہ نہ تو تمہارے لئے خوف ہے اور نہ کسی طرح کی غمگینی۔ دنیا کی زندگی میں بھی تم خدا کی نصرت وحمایت سے فتح مند و کامیاب ہوگے اور آخرت میں بھی خدا کی مہربانیوں سے بامراد، اللہ کی تمام نعمتیں صرف تمہارے ہی لئے ہیں، تم جو نعمت چاہو گے تمہیں ملے گی اور جس چیز کو پکارو گے پاؤ گے۔"

لاتھنوا ولا تحزنوا

کیونکہ وہ جو ربیع الاول میں آیا، اس نے کہا کہ غم اور ناکامی ان کے لئے ہونی چاہیئے جن کے پاس کامیابی و نصرت بخشنے والے کا رشتہ نہیں ہے، پر جنہوں نے تمام انسانی اور دنیاوی طاقتوں سے سرکشی کرکے صرف خدائے قدوس کے ساتھ وفاداری کی اور اس ذات کو اپنا دوست بنالیا جو ساری خوشیوں کا دینے والا اور تمام کامیابیوں کا سرچشمہ ہے، تو وہ کیونکر غمگینی پاسکتے ہیں، اور خدا کے دوستوں کے ساتھ اس کی زمین میں کون ہے جو دشمنی کرسکتا ہے؟

﴿ذٰلِکَ بِاَنَّ اللّٰہَ مَولَی الَّذینَ ءامَنوا وَاَنَّ الکٰفِرینَ لا مَولٰی لَہُم ١١﴾..... سورة محمد

"اس لئے کہ اللہ مؤمنوں کا دوست اور حامی ہے مگر کافروں کا نہیں جنہوں نے اس سے انکار کیا"

جن پاک روحوں نے خدا کی سچائی اور کلمہ حق وعدل کی خدمت گزاری کے لئے اپنے آپ کو وقف کردیا، وہ کسی سے نہیں ڈر سکتے، البتہ ان کی ہیبت و قہاریت سے دنیا کو ڈرنا چاہیئے

﴿فَلا تَخافوہُم وَخافونِ إِن کُنتُم مُؤمِنینَ ١٧٥﴾..... سورة آل عمران

"دشمنانِ حق کی شیطانی ہیبتوں سے نہ ڈرو، اللہ سے ڈرو اگر فی الحقیقت تم مؤمن ہو"

دنیا میں متضاد سے متضاد اَجزا باہم جمع ہو سکتے ہیں۔ آگ اور پانی ممکن ہے کہ ایک جگہ جمع ہو جائیں شیر اور بکری ہو سکتا ہے کہ ایک گھاٹ سے پانی پی لیں، لیکن خدا پر 'ایمان' اور 'انسان کا خوف' یہ دو چیزیں ایسی متضاد ہیں جو کبھی بھی ایک دل میں جمع نہیں ہو سکتیں، اور اگر ایک بدبخت ایمانِ الٰہی کا دعویٰ کر کے انسان کے ڈر سے بھی کانپ رہا ہے، تو تم اسے ان کنکروں اور پتھروں کی طرح ٹھکرا دو جو انسان کی راہ میں لڑھک کر آجاتے ہیں، تا کہ دوڑنے والوں کے لئے ٹھوکر بنیں، کیونکہ وہ ایمان کے یقین سے محروم ہے

﴿وَلا تَهِنوا وَلا تَحزَنوا وَأَنتُمُ الأَعلَونَ إِن كُنتُم مُؤمِنينَ ١٣٩﴾.... سورة آل عمران

"نہ ہراساں ہو اور نہ غمگین ہو، اگر تم سچے مؤمن ہو تو سب پر غالب آنے والے ہو۔"

﴿أَلا إِنَّ أَولِياءَ اللَّهِ لا خَوفٌ عَلَيهِم وَلا هُم يَحزَنونَ ٦٢﴾..... سورة يونس

"یاد رکھو کہ جو لوگ اللہ کے دوست اور اس کے چاہنے والے ہیں، ان کے لئے نہ تو کوئی خوف ہے اور نہ ہی وہ غمگین ہوں گے"

استبدالِ نعمت

لیکن آج جبکہ تم عید میلاد کی مجلسیں منعقد کرتے ہو، تو تمہارا کیا حال ہے؟ وہ تمہاری دولت کہاں ہے جو تمہیں دی گئی تھی؟ وہ تماری نعمتِ کامرانی کدھر گئی جو تمہیں سونپی گئی تھی؟ وہ تمہاری روحِ حیات کیوں تمہیں چھوڑ کر چلی گئی، جو تم میں پھونکی گئی تھی؟ تمہارا خدا تم سے کیوں روٹھ گیا؟ اور تمہارے آقا نے کیوں تم کو صرف اپنی ہی غلامی کے لئے نہ رکھا؟ کیا ربیع الاول کے آنے والے نے خدا کا وعدہ نہیں پہنچایا تھا کہ عزت صرف تمہارے ہی لئے ہے اور اس دولت کا اب زمین پر تمہارے سوا کوئی وارث

نہیں؟

﴿وَلِلّٰهِ العِزَّةُ وَلِرَسولِهِ وَلِلمُؤمِنينَ وَلٰكِنَّ المُنٰفِقينَ لا يَعلَمونَ ٨ ﴾..... سورة المنافقون

"عزت اللہ کے لئے ہے، اس کے رسول کے لئے، اور مؤمنوں کے لئے، لیکن جن کے دل نفاق سے کھوئے گئے وہ اس حقیقت کو نہیں جانتے۔"

پھر یہ کیا انقلاب ہے کہ تم ذلت کے لئے چھوڑ دیئے گئے ہو، اور عزت نے تم سے منہ چھپالیا ہے؟ کیا خدا کا وعدہ نصرت تم تک نہیں پہنچایا گیا تھا کہ

﴿وَكانَ حَقًّا عَلَينا نَصرُ المُؤمِنينَ ٤٧﴾..... سورة الروم

"مسلمانوں کو نصرت و فتح دینا ہمارے لئے ضروری ہے۔ یہ کسی طرح نہیں ہو سکتا کہ ہم غیروں کو فتح یاب کریں اور مؤمن ناکام رہ جائیں۔"

پھر یہ کیوں ہے کہ تم نے کامیابی نہ پائی اور کام و مراد نے تمہارا ساتھ چھوڑ دیا؟ کیا خدا کا وعدہ سچا نہ تھا؟ اور کیا وہ اپنے قول کا پکا نہیں؟ تم جو انسانوں کے وعدوں پر ایمان رکھتے اور ان کے حکموں کے آگے گرنا جانتے ہو، خدا کے وعدہ لا یخلف المیعاد کے لئے اپنے اندر ایمان کی کوئی صدا نہیں پاتے؟ نہ تو اس کا وعدہ جھوٹا تھا اور نہ اس نے اپنا رشتہ توڑا، مگر تم ہی ہو۔ تمہاری ہی محرومی و بے وفائی ہے، تمہارے ہی ایمان کی موت اور راستی کی حرمانی ہے جس نے اپنے پیمانِ وفا کو توڑا، اور خدا کے مقدس رشتے کی عزت کو اپنی غفلت و بد اعمالی اور غیروں کی پرستش و بندگی سے بٹہ لگایا

﴿لِكَ بِأَنَّ اللَّهَ لَم يَكُ مُغَيِّرًا نِعمَةً أَنعَمَها عَلىٰ قَومٍ حَتّىٰ يُغَيِّروا ما بِأَنفُسِهِم ۙ وَأَنَّ اللَّهَ سَميعٌ عَليمٌ ٥٣﴾..... سورة الانفال

"اس لئے کہ خدا کبھی کسی قوم کی نعمت کو محرومی سے نہیں بدلتا، جب تک وہ قوم خود ہی اپنے اندر تبدیلی نہ کر دے اور وہ اپنے بندوں کے لئے ظالم نہیں ہے کہ ان کو بغیر جرم کے سزا دے۔"

خدا اب بھی غیروں کے لئے نہیں بلکہ صرف تمہارے ہی لئے ہے، بشرطیکہ تم بھی غیروں کے لئے نہیں بلکہ صرف خدا ہی کے لئے ہو جاؤ

﴿إِن تَنصُرُوا اللَّهَ يَنصُرْكُم وَيُثَبِّت أَقدامَكُم ٧﴾..... سورة محمد

"اگر تم خدا کے کلمہ حق کی مدد کروگے تو اللہ بھی تمہاری مدد کرے گا اور تمہارے اندر ثابت قدمی اور مضبوطی پیدا کر دے گا۔"

یادگارِ حریت

تم ربیع الاول میں آنے والے کی یاد اور محبت کا دعویٰ رکھتے ہو، اور مجلسیں منعقد کر کے اس کی مدح و ثنا کی صدائیں بلند کرتے ہو، لیکن تمہیں کبھی بھی یہ یاد نہیں آتا کہ جس کی یاد کا تمہاری زبان دعویٰ کرتی ہے، اس کی فراموشی کے لئے تمہارا ہر عمل گواہ ہے؟ اور جس کی مدح و ثنا میں تمہاری صدائیں زمزمہ سرا ہوتی ہیں، اس کی عزت کو تمہارا وجود بٹہ لگا رہا ہے؟ وہ (صلی اللہ علیہ وسلم) دنیا میں اس لئے آیا تھا تاکہ انسانوں کو انسانی بندگی سے ہٹا کر صرف اللہ کی عبودیت کی صراطِ مستقیم پر چلائے، اور غلامی کی ان تمام زنجیروں سے ہمیشہ کے لئے نجات دلا دے جن کے بڑے بڑے بوجھل حلقے انہوں نے اپنے پاؤں میں ڈال لئے تھے

﴿وَيَضَعُ عَنهُم إِصرَهُم وَالأَغلٰلَ الَّتى كانَت عَلَيهِم..... ١٥٧﴾...... سورة الاعراف

"(پیغمبر اسلام کے ظہور کا مقصد یہ ہے کہ) گرفتاریوں (اور بندشوں) سے انسان کو نجات دلا دے، اور غلامی (کے جو طوق انہوں نے اپنی گردنوں میں پہن رکھے ہیں، ان) کے بوجھ سے رہائی بخشے۔"

اس نے کہا کہ اطاعت صرف ایک ہی کی ہے اور حکم و فرمان صرف ایک ہی کے لئے سزاوار ہے

﴿إِنِ الحُكمُ إِلّا لِلَّهِ﴾

"حکم وطاقت کسی کے لئے نہیں ہے مگر صرف اللہ کے لئے۔"

اس نے سب سے پہلے انسان کو اس کی چھنی ہوئی آزادی و حریت واپس دلائی اور کہا کہ مومن نہ تو بادشاہوں کی غلامی کے لئے ہے، نہ کاہنوں کی اطاعت کے لئے، نہ کسی اور انسانی طاقت کے آگے جھکنے کے لئے، بلکہ اس کے سر کے لئے ایک ہی چوکھٹ، اس کے دل کے لئے ایک ہی عشق، اس کے پاؤں کے لئے ایک ہی زنجیر، اور اس کی گردن کے لئے ایک ہی طوقِ اطاعت ہے۔ وہ جھکتا ہے تو اسی کے آگے، روتا ہے تو اسی کے لئے، اعتماد کرتا ہے تو اسی کی ذات پر، ڈرتا اور لرزتا ہے تو اسی کی ہیبت سے، امید کرتا ہے تو اسی کی رحمت پر، وہ ایسا نہیں ہے کہ انسانوں کو بھی اپنی ہیبت اور قہاریت کی صفت بخشے

﴿ءَاَربابٌ مُتَفَرِّقونَ خَيرٌ اَمِ اللّٰهُ الوٰحِدُ القَهّارُ ٣٩ ما تَعبُدونَ مِن دونِهِ إِلّا اَسماءً سَمَّيتُموها اَنتُم وَءاباؤُكُم ما اَنزَلَ اللّٰهُ بِها مِن سُلطٰنٍ ۚ إِنِ الحُكمُ إِلّا لِلّٰهِ ۚ اَمَرَ اَلّا تَعبُدوا إِلّا إِيّاهُ ۚ ذٰلِكَ الدّينُ القَيِّمُ وَلٰكِنَّ اَكثَرَ النّاسِ لا يَعلَمونَ ٤٠﴾..... سورة يوسف

مفہوم :

پرستش اور غلامی کے لئے کئی ایک معبود بنالینا اچھا یا ایک ہی خدائے واحد و قہار کا ہو رہنا، یہ جو تم نے اپنی بندگی کے لئے بہت سی چوکھٹیں بنا رکھی ہیں، تو بتلاؤ؟ ان کی ہستی بجز اس کے کیا ہے کہ چند وہم ساز نام ہیں جو تم نے اور تمہارے بڑوں نے اپنی گمراہی سے گڑھ لئے اور مدت کی ضلالت، رسم پرستی نے ان کے اندر مصنوعی ہیبت و مرعوبیت پیدا کردی، حالانکہ خدا نے نہ تو ان کے اندر کوئی طاقت رکھی اور نہ ان کی معبودیت و محبوبیت کے لئے کوئی حکم اتارا۔ یقین کرو کہ تمہاری غلام کے یہ تمام مصنوعی بت کچھ بھی نہیں ہیں۔ حکم و سلطانی دنیا میں نہیں ہے مگر صرف اللہ کے لئے، اس نے حکم دیا کہ پرستش نہ کرو مگر صرف اسی کی۔ یہی انسان کی فطرتِ صالحہ کی راہ ہے اور اس لئے یہی دین قیم ہے۔

اور دیکھو کہ اس نے انسان کی حریتِ صادقہ اور آزادی حق کو کس طرح مثالوں

کی دانائی میں سمجھایا:

﴿ضَرَبَ اللّٰهُ مَثَلًا عَبدًا مَملوكًا لا يَقدِرُ عَلىٰ شَىءٍ وَمَن رَزَقنٰهُ مِنّا رِزقًا حَسَنًا فَهُوَ يُنفِقُ مِنهُ سِرًّا وَجَهرًا ۖ هَل يَستَوُنَ.....

٧٥﴾..... سورة التوبة

مفہوم:

اللہ ایک مثال دیتا ہے، یوں فرض کرو کہ ایک شخص ہے جو کسی دوسرے انسان کا غلام ہے۔ خود اسے کوئی اختیار حاصل نہیں۔ وہ اپنی کسی چیز پر باوجودیکہ اسی کی ہے، کچھ قدرت نہیں رکھتا اور صرف اپنے آقا کے حکموں کا بندہ ہے۔ مگر اس کے مقابلے میں ایک دوسرا آزاد و خود مختار انسان ہے جس پر کسی انسان کی حکومت نہیں، اسے اپنی ہر چیز پر قدرت واختیار حاصل ہے، اور جو کچھ خدا نے دیا ہے، وہ اسے ظاہر و پوشیدہ، جس طرح چاہتا ہے بے دھڑک خرچ کرتا ہے، تو کیا یہ دونوں آدمی ایک ہی طرح کے ہوئے؟ کیا دونوں کی حالت میں کوئی فرق نہیں؟ اگر فرق ہے تو پھر وہ کہ اس کا مالک صرف خدا ہی ہے، اور وہ کہ اس کے گلے میں انسانوں کی اطاعت کے طوق پڑے ہوئے ہیں، دونوں ایک طرح کے کیسے ہوسکتے ہیں؟

پس اگر ربیع الاول کا مہینہ دنیا کے لئے خوشی و مسرت کا مہینہ تھا، تو صرف اس لئے کہ اسی مہینے میں دنیا کا وہ سب سے بڑا انسان صلی اللہ علیہ وسلم آیا جس نے مسلمانوں کو ان کی سب سے بڑی نعمت یعنی خدا کی بندگی اور انسانوں کی آقائی عطا فرمائی اور اس کو اللہ کی خلافت کا لقب دے کر خدا کی ایک پاک و محترم امانت ٹھہرایا۔ پس ربیع الاوّل انسانی حریت کی پیدائش کا مہینہ ہے، غلامی کی موت اور ہلاکت کی یادگار ہے، خلافتِ الٰہی کی بخشش کا اولین یوم ہے، وراثتِ ارضی کی تقسیم کا اوّلین اعلان ہے۔ اسی ماہ میں کلمہ حق وعدل زندہ ہوا اور اسی میں کلمہ ظلم و فساد اور کفر وضلالت کی لعنت سے خدا کی زمین کو

نجات ملی۔

تم کہ اس ماہ حریت کے ورود کی خوشیاں مناتے ہو، اور اس کے لئے ایسی تیاریاں کرتے ہو، گویا وہ تمہارے ہی لئے اور تمہاری ہی خوشیوں کے لئے آیا ہے، خدارا مجھے بتلاؤ کہ تمہیں اس پاک اور مقدس یادگار کی خوشی منانے کا کیا حق ہے؟ کیا موت اور ہلاکی کو اس کا حق پہنچتا ہے کہ زندگی اور روح کا اپنے کو ساتھی بنائے؟ کیا ایک مردہ لاش پر دنیا کی عقلیں نہ ہنسیں گی اگر وہ زندوں کی طرح زندگی کو یاد کرے گی؟ ہاں یہ سچ ہے کہ آفتاب کی روشنی کے اندر دنیا کے لئے بڑی ہی خوشی ہے، لیکن ایک اندھے کو کب زیب دیتا ہے کہ وہ آفتاب کے نکلنے پر آنکھوں والوں کی طرح خوشیاں منائے...؟

پھر اے غفلت کی ہستیو، اور اے بے خبری کی سرگشتہ خراب روحو! تم کس منہ سے اس کی پیدائش کی خوشیاں مناتے ہو جو حریتِ انسانی کی بخشش، حیاتِ روحی و معنوی کے عطیہ، اور کامرانی و فیروز مندی کی خسروی و ملوکی کے لئے آیا تھا؟ اللہ اللہ! غفلت کی نیرنگی اور انقلاب کی بوقلمونی! ماسویٰ اللہ کی عبودیت کی زنجیریں پاؤں میں ہیں، انسانوں کی مملوکیت و مرعوبیت کے حلقے گردنوں میں، ایمان باللہ کے ثبات سے دل خالی، اور اعمالِ حقہ وحسنہ کی روشنی سے روح محروم! ان سامانوں اور تیاریوں کے ساتھ تم مستعد ہوئے ہو کہ ربیع الاول کے آنے والے کی یاد کا جشن مناؤ، جس کا آنا خدا کی عبودیت کی فتح، غیر الٰہی عبودیت کی ہلاکت، حریتِ صادقہ کا اعلانِ حق، عدالتِ حقہ کی ملوکیت کی بشارت، اور امتِ عادلہ و قائمہ کے تمکن وقیام کی بنیاد تھا!

﴿فَمَالِ ہٰؤُلاءِ القَومِ لا یَکادونَ یَفقَھونَ حَدیثًا ۷۸ ﴾..... سورۃالنساء

پس اے غفلت شعارانِ ملت! تمہاری غفلت پر صد فغاں وحسرت، اور تمہاری سرشاریوں پر صد ہزار نالہ وبکا، اگر تم اس ماہِ مبارک کی اصلی عظمت و حقیقت سے بے خبر

رہو اور صرف زبانوں کے ترانوں، درودیوار کی آرائشوں، اور روشنی کی قندیلوں ہی میں اس کے مقصد و یادگاری کو گم کردو۔ تم کو معلوم ہونا چاہئے کہ یہ ماہِ مبارک امتِ مسلمہ کی بنیاد کا پہلا دن ہے، خداوندی بادشاہت کے قیام کا اولین اعلان، خلافتِ ارضی و وراثتِ الٰہی کی بخشش کا سب سے پہلا مہینہ ہے۔ پس اس کے آنے کی خوشی اور اس کے تذکرہ و یاد کی لذت ہر اس شخص کی روح پر حرام ہے جو اپنے ایمان اور عمل کے اندر اس پیغام الٰہی کی تعمیل و اطاعت اور اس اسوۂ حسنہ کی پیروی و تاسی کے لئے کوئی نمونہ نہیں رکھتا

﴿فَبَشِّرۡ عِبَادِ ١٧ ٱلَّذِينَ يَسۡتَمِعُونَ ٱلۡقَوۡلَ فَيَتَّبِعُونَ أَحۡسَنَهُۥٓۚ أُوْلَٰٓئِكَ ٱلَّذِينَ هَدَىٰهُمُ ٱللَّهُۖ وَأُوْلَٰٓئِكَ هُمۡ أُوْلُواْ ٱلۡأَلۡبَٰبِ ١٨﴾..... سورة الزمر

"لہٰذا میرے ان بندوں کو بشارت دے دیجئے جو بات کو توجہ سے سنتے ہیں، پھر اس کے بہترین پہلو کی اتباع کرتے ہیں۔ یہی ہیں جنہوں نے اللہ نے ہدایت بخشی اور یہی اہل عقل ہیں۔"

***

٦

نقوشِ سیرت کا تقاضا

محمد خالد سیف

ایک وقت تھا کہ دنیا ظلمت کدہ بنی ہوئی تھی۔ چہار سو اندھیرے چھائے ہوئے تھے۔ کفر و شرک کے اندھیرے، فسق و فجور کے اندھیرے، الحاد و زندیقیت کے اندھیرے، ظلم و استبداد کے اندھیرے۔ اور گم گشتہ راہ انسانیت ان بھیانک اندھیروں میں ٹامک ٹوئیاں مار رہی تھی۔ خالقِ کائنات سے دکھی انسانیت کی یہ مظلومیت دیکھی نہ گئی، اس کی رحمت جوش میں آئی اور اس نے فاران کی چوٹیوں سے اس آفتابِ جہاں تاب کو طلوع فرمایا، جس کی بدولت تمام اندھیرے چھٹ گئے، دنیا بقعۂ نور بن گئی اور سارا عالم جگمگا اُٹھا۔ صَلَّی اللّٰہُ عَلَیْہِ وَسَلَّم

وہ دانائے سبل، ختمِ رسل مولائے کُل جس نے
غبارِ راہ کو بخشا فروغِ وادیِ سینا

اس سراجِ منیر کی ضو افشانیوں کے تو کیا کہنے، اس سے کسبِ ضو کرنے والے چاند ستارے جہاں تہاں گئے اجالے بکھیرتے گئے اور ان کے نقشِ پا کی شوخی، قدوم میمنت لزوم کی شہادت دیتی رہی۔ رضی اللہ تعالیٰ عنہم اجمعین۔

لیکن کبھی آپ نے غور فرمایا ہم بھی اسی جلیل القدر، عظیم المرتبت، سرور دنیا و

دیں، رحمۃٌ للعالمین ﷺ کے امتی ہیں، جس کے امتی ہونے کا شرف حضرات صحابہ کرام رضوان اللہ علیہم اجمعین کو حاصل تھا، تو کیا وجہ ہے کہ ان کا وجود دنیا کے لئے اجالا تھا لیکن ہم سراپا ظلمت ہیں، انہوں نے سمندروں میں گھوڑے دوڑا دیئے تھے۔ پہاڑوں کے سینوں کو چیر ڈالا تھا، آندھیوں بلکہ طوفانوں کے رخ کو پھیر دیا تھا۔ بڑے بڑے فرعونوں اور نمرودوں کے گریبانوں کو چاک کر دیا تھا اور دنیا کو امن چین اور سکون کا گہوارہ بنا دیا تھا لیکن ہم ہیں کہ اپنا وجود ہی ہمارے لئے باعثِ ننگ و عار ہے۔ ذلتوں، تباہیوں، بربادیوں اور شکستوں سے کوئی دوسری قوم اس قدر دوچار نہ ہوگی جس طرح ہم ہیں۔ آخر کیوں؟ دو لفظوں میں اس کا جواب صرف یہ ہے کہ انہوں نے قرآنی تعلیمات اور آنحضرت ﷺ کو سیرتِ مقدسہ کے ہر ہر نقش کو اپنے لئے اوڑھنا بچھونا بنالیا تھا اور ہمارا عمل اس کے بالکل برعکس ہے۔

وہ زمانے میں معزز تھے مسلماں ہو کر
اور تم خوار ہوئے تارکِ قرآں ہو کر

اگرچہ ہم بھی عشقِ رسول کا دم بھرتے ہیں، لہک لہک کر صلِ علیٰ کے ترانے گاتے ہیں۔ ربیع الاول میں بڑے وسیع پیمانے پر میلاد کی محفلیں منعقد کرتے ہیں، سیرت کی کتابیں لکھتے، چھاپتے اور پڑھتے ہیں اخبار و رسائل کے سیرت نمبروں کا اہتمام کرتے ہیں اور ہر ہر طریقے سے آنحضرت ﷺ کے حضور اس خراج عقیدت کو پیش کرنے کی کوشش کرتے ہیں جس سے ہمارے دل لبریز ہیں۔ لیکن کیا کبھی غور کیا کہ اس سے عشقِ رسول کے تقاضے پورے ہو گئے؟ سرورِ کائنات ﷺ کو اللہ تعالیٰ نے صرف اس لئے دنیا میں مبعوث فرمایا تھا کہ وہ ہم عشاقِ رسالت پناہ سے خراج عقیدت وصول فرمائیں یا آپ کی بعثت کا مقصد عظیم کچھ اور تھا؟ جی ہاں یقیناً کچھ اور تھا اور وہ محبت کے کھوکھلے نعروں اور

عشقِ رسول کے جھوٹے دعووں سے بڑھ کر تھا اور وہ یہ تھا کہ ہم آپ ﷺ کے لائے ہوئے انسانیت کے لئے خدائے بزرگ و برتر کے پیامِ آخریں۔ قرآن مجید۔ سے اپنی حیاتِ مستعار کے شب و روز اور لیل و نہار کی ایک ایک ساعت کے لئے رہنمائی حاصل کریں، زندگی کے ہر موڑ اور ایک ایک قدم کے لئے صرف اور صرف اسی مینارۂ نور سے کسبِ ضو کریں اور سیرتِ مقدسہ کے ہر ایک نقش کو اپنے لئے مشعلِ راہ قرار دے لیں۔ صرف قرار دینے ہی پر اکتفا نہ کریں بلکہ بالفعل اس پر عمل پیرا ہو جائیں کیونکہ سیرتِ مقدسہ کا ہر ایک نقش پکار پکار کر ہم سے اتباع و عمل کا تقاضا اور مطالبہ کر رہا ہے۔ لَقَدْ کَانَ لَکُمْ فِیْ رَسُوْلِ اللّٰہِ اُسْوَۃٌ حَسَنَۃٌ۔

ایک مسلمان کی شان کے شایاں ہی نہیں کہ اپنے خدا اور محبوب پیغمبر ﷺ کے احکام، فرامین اور ہدایات کے برعکس زندگی بسر کرے۔ ارشادِ باری تعالیٰ ہے:

وَمَا كَانَ لِمُؤْمِنٍ وَلَا مُؤْمِنَةٍ إِذَا قَضَى اللَّهُ وَرَسُولُهُ أَمْرًا أَنْ يَكُونَ لَهُمُ الْخِيَرَةُ مِنْ أَمْرِهِمْ وَمَنْ يَعْصِ اللَّهَ وَرَسُولَهُ فَقَدْ ضَلَّ ضَلَالًا مُبِينًا

"کسی مومن مرد اور کسی مومن عورت کو یہ حق نہیں ہے کہ جب اللہ اور اس کا رسول کسی معاملے کا فیصلہ کر دیں تو پھر ان کو خود اپنے معاملہ میں کوئی اختیار باقی رہ جائے اور جو کوئی اللہ اور اس کے رسول کی نافرمانی کرے وہ یقیناً گمراہی میں پڑ گیا۔"

دوسرے مقام پر آنحضرت ﷺ کے فرمودات اور فیصلوں پر سر تسلیم خم کر دینے کو ایمان کے لئے معیار اور کسوٹی قرار دیا گیا ہے، ارشاد ہے:

فَلَا وَرَبِّكَ لَا يُؤْمِنُونَ حَتَّى يُحَكِّمُوكَ فِيمَا شَجَرَ بَيْنَهُمْ ثُمَّ لَا يَجِدُوا فِي أَنْفُسِهِمْ حَرَجًا مِمَّا قَضَيْتَ وَيُسَلِّمُوا تَسْلِيمًا

"پس نہیں، تیرے رب کی قسم وہ ہرگز مومن نہ ہوں گے جب تک کہ (اے رسول ﷺ) تم کو اس معاملہ میں حکم نہ بنائیں جس میں ان کے درمیان اختلاف ہوا ہو،

پھر جو کچھ تم فیصلہ کرو اس سے اپنے دل میں کوئی تنگی تک محسوس نہ کریں سر بسر تسلیم کرلیں۔"

اس آیات مبارکہ سے یہ حقیقت الم نشرح ہو رہی ہے کہ آپ ﷺ کے فرمودات اور فیصلوں پر دل میں ذرا سا انقباض محسوس کرنا بھی ایمان کے تقاضوں کے منافی ہے چہ جائیکہ کھلم کھلا آپ ﷺ کے طریقۂ اسوہ سیرت اور ہدایت کی مخالفت کی جائے اور اگر کوئی ڈھٹائی سے مخالفت پر کمربستہ ہو ہی جائے تو اسے یہ تنبیہ بھی پیش نظر رکھنی چاہئے۔

فَلْيَحْذَرِ الَّذِينَ يُخَالِفُونَ عَنْ اَمْرِهِ اَنْ تُصِيبَهُمْ فِتْنَةٌ اَوْ يُصِيبَهُمْ عَذَابٌ اَلِيمٌ

"پس ڈرنا چاہئے ان لوگوں کو جو رسول کے حکم کی خلاف ورزی کرتے ہیں کہ وہ کسی فتنہ میں مبتلا ہو جائیں یا ان پر دردناک عذاب نازل ہو جائے!

قرآن حکیم کی یہ آیات جو ہمیں آئینہ دکھا رہی ہیں، ہم مسلمانوں پر فرض ہے اجتماعی طور پر بھی اور انفرادی طور پر بھی کہ ہم اس آئینہ میں اپنی شکلیں دیکھنے کی کوشش کریں اور پھر غور کریں کہ آیا ہمارا کوئی عمل اللہ اور اس کے رسول کی منشا کے خلاف تو نہیں بلکہ معاف فرمانا ہمیں تو جائزہ اس نقطۂ نگاہ سے لینا چاہئے کہ ہمارے اطوار اور اعمال کا کتنے فی صد حصہ اللہ و رسول کے حکم کے مطابق ہے اور پھر انصاف کے ساتھ حسن ظنی و خود فریبی میں مبتلا ہوئے بغیر جائزہ لینا چاہئے کہ ان آیات مذکورہ کی تنبیہات کا ہم مورد تو نہیں بن رہے الغرض اللہ تعالیٰ کے احکام کے مطابق زندگی بسر کرنے لئے یہ از بس ضروری ہے کہ ہم ہر وقت اسوۂ رسول کو پیشِ نظر رکھیں اور تمام کاروبارِ حیات میں خواہ ان کا تعلق عبادات سے ہو یا معاملات سے، معیشت سے ہو یا معاشرت سے، سیرت مقدسہ سے کسبِ ضوء کو فرض سمجھیں کہ اس کے بغیر ایمان کی تکمیل ہی نہیں ہو سکتی۔

خود آنحضرت ﷺ نے ارشاد فرمایا ہے:

لا یؤمن احدکم حتّٰی یکون ہواہ تبعا لما جئت بہ۔

"تم میں سے کوئی شخص مومن نہیں ہو سکتا جب تک کہ اس کی خواہش نفس اس چیز کی تابع نہ ہو جائے جسے میں لے کر آیا ہوں۔"

پس سیرتِ مقدسہ کا ایک ایک نقش امتِ محمدیہ کے ہر فرد سے اتباع و عمل کا تقاضا کرتا ہے اور ہر مسلمان کو ہر وقت پیش نظر رکھنا چاہئے کہ:

کون ہے تارک آئین رسولِ مختار؟ مصلحت وقت کی ہے کس کے عمل کا معیار؟
کس کی آنکھوں میں سمایا ہے شعارِ اغیار؟ ہوگئی کس کی نگہہ طرزِ سلف سے بیزار؟
قلب میں سوز نہیں روح میں احساس نہیں
کچھ بھی پیغام محمد ﷺ کا تمہیں پاس نہیں

***

۷

ذاتِ نبوتؐ پر اعتراضات کا جائزہ

عبدالحمید صدیقی

بنو ہاشم پر ناجائز دباؤ اور نبی پاک ﷺ کے صحابہ کرام کی تعذیب کے علاوہ مخالفین اسلام حضور ﷺ کے اس دعوے پر بھی شدید تنقید کرتے تھے کہ آپ ﷺ پر خدا کی طرف سے وحی نازل ہوتی ہے۔ حقیقت میں وہ تنزیل کے تصور ہی کے خلاف تھے۔ اس سلسلے میں وہ چار پہلوؤں پر تنقید کرتے تھے۔

اوّل یہ کہ وہ حضور ﷺ کے مذہبی تجربہ کو خدا تعالیٰ کی طرف سے وحی پر مبنی نہ سمجھتے تھے اور اس طرح آپ ﷺ کو ذہنی طور پر پریشان کرنے پر کمربستہ تھے۔

دوم یہ کہ آپ ﷺ کے مخالفین کسی صورت میں بھی یہ ماننے پر آمادہ نہ تھے کہ انسان جسے مافوقیت کا بھی دعویٰ نہیں، کسی صورت پیغمبر ہو سکتا ہے۔

سوم یہ کہ اگر کسی انسان کو یہ بلند مرتبہ حاصل ہونا ہی تھا تو کئی دوسرے اشخاص موجود تھے جو کہ حضور ﷺ سے زیادہ دولت مند اور بااثر تھے۔ چنانچہ مخالفین اسلام یہ دلیل دیتے تھے کہ کیا یہ ممکن ہو سکتا ہے کہ خدا نے ان سب کو یکسر نظر انداز کر کے ایک بے کس قریشی یتیم کو نبوت سے سرفراز فرما دیا ہو۔

آخر میں یہ کہ محمد ﷺ کے پاس نہ تو کوئی غیر معمولی اور نہ ہی کوئی ڈرامائی

خصوصیت تھی جس سے وہ نبوت کے دعویٰ کو ثابت کر سکتے۔

جدید و قدیم ناقدین:

محمد ﷺ پر عام الزام یہ تھا کہ آپ ﷺ 'جن' کی قوت کے حامل ایک 'مجنون' تھے۔ مزید تہمت یہ تھی کہ آپ ﷺ کاہن یا نجومی یا جادوگر اور سب سے بڑھ کر یہ کہ آپ ﷺ شاعر تھے۔

یہاں یہ امر قابلِ ذکر ہے کہ اہلِ مکہ جو عام الزامات حضور ﷺ پر لگاتے تھے وہ کم و بیش الفاظ کے ہیر پھیر سے آج بھی دہرائے جاتے ہیں۔ آج کے ان بہتان تراشوں میں سے پروفیسر میکڈانلڈ کا نام سرفہرست پیش کیا جا سکتا ہے۔ اس دریدہ دہن پروفیسر نے حضور ﷺ کی نبوت کو صرع اور خلل دماغ کی کیفیت کا مظہر ثابت کرنے کی ناکام سعی کی ہے۔ لیکن یہ امر حیران کن ہے کہ وہ بیک وقت حضور ﷺ کو غیر معمولی ذہانت اور اختراعی قوت رکھنے والا انسان بھی قرار دیتا ہے، چنانچہ میکڈانلد اپنے متضاد خیالات کی بنا پر اپنی اس دریدہ دہنی کو ثابت کرنے میں ناکام رہا ہے۔ مختصر یہ کہ ان تمام الزامات کا محور صرف ایک الزام تھا کہ محمد ﷺ عرب کے ایک قدامت پرست شاعر تھے جو کہ ابھی اپنی شاعرانہ مہارت سے پوری طرح فیضیاب نہ ہوئے تھے اور اس لئے انہوں نے اپنی تمام تر توجہ شاعری کی پیغمبرانہ صنف کی طرف مبذول رکھی اور یہ کہ انہوں نے عیسائیت اور یہودیت کے نظریات کو گولڈ مڈ کر کے ایسا مواد حاصل کیا جس کو اپنی نبوت کے ثبوت کے طور پر استعمال کر سکیں۔

پروفیسر میکڈانلڈ کا یہ نظریہ کہ آپ ﷺ ایک شاعر تھے۔ میور کے نظریہ سے قدرے مختلف ہے جس کا دعویٰ یہ ہے کہ فوق الفطرت اثر جس کا کہ پیغمبر عرب پر اثر تھا، ممکن ہے کہ وہ شیطان اور اس کے چیلوں سے حاصل ہوا ہو۔ تاہم جس جذبہ سے محمد

ﷺ کا شاعرانہ شعور بیدار ہوا وہ قطعاً ایسا نہ تھا۔ میکڈ انلڈ کا دعویٰ یہ ہے کہ عرب کے ایک شاعر حسن کی طرح جس پر کہ "جنی" کا اثر تھا اور جس سے مغلوب ہو کر اس نے اشعار کہے، اسی طرح محمد ﷺ کا ساتھی "قارن" تھا جو کہ آپ کے روحانی فیض کا ذریعہ بنا۔ محمد ﷺ کسی صورت بھی مطلقاً نبی نہ تھے اور یہ کہ اہلِ یہود کے انبیاء جیسی صفات آپ ﷺ میں ناپید تھیں۔

الزامات کی تردید:

پروفیسر میکڈ انلڈ کے متذکرہ بالا خیالات پڑھنے سے یہ امر روزِ روشن کی طرح واضح ہو جاتا ہے کہ عرصہ دراز گزرنے کے بعد بھی ان الزامات کی نوعیت میں سرِ مو فرق رونما نہیں ہوا۔ اسلام کے جدید ناقدین اہل مکہ کی طرح دعویٰ کرتے ہیں کہ حضور ﷺ جس چیز کے الہامی ہونے یا اللہ تعالیٰ کے کلام ہونے کا دعویٰ کرتے ہیں وہ آپ کے دماغی انتشار کے اظہار اور شاعرانہ ترنگ یا جنوں کے علاوہ کچھ نہیں تھا۔

قرآن پاک نے اس الزام کی پُرزور تردید کی ہے اور بیان ہے کہ حضور ﷺ کے فرمان اللہ تعالیٰ کے ارشاداتِ وحی ہیں اور ان کی نوعیت ان لوگوں کے لئے چیلنج کی حیثیت رکھتی ہے جو کہ آپ ﷺ کے پیغمبرانہ اظہار کے سرچشمہ کو جھوٹ پر مبنی خیال کرتے ہیں اور مصلح کی ذہنی کشمکش اور جنونی شاعر کی پُرگوئی تصور کرتے ہیں یا فاتر العقل انسان کی پریشان فکری پر محمول کرتے ہیں۔ قرآن پاک ان الزامات کی پُرزور تردید کرتا ہے، مثال کے طور پر کہ آپ ﷺ شاعر ہیں: "ہم نے آپ ﷺ کو شاعری نہیں سکھائی اور نہ ہی یہ آپ ﷺ کے شایانِ شان ہے۔" ایک اور جگہ قرآن پاک نے اس امر کی وضاحت کی ہے کہ آپ ﷺ کو شاعر کہنا کیوں خلافِ عقل ہے۔ ایک شاعر عام طور پر ایک ذہنی طور پر سرگردان انسان ہوتا ہے جو اپنے تخیلات اور جذبات کا اظہار

خوب صورت اشعار میں کر دیتا ہے۔ اس کا تعلق صرف خیالی اور باریک معاملات اور افکار سے ہوتا ہے جن کا انسانی زندگی کے عملی مسائل سے کوئی واسطہ نہیں ہوتا۔

"رہے شعرا، تو ان کے پیچھے بہکے ہوئے لوگ چلا کرتے ہیں۔ کیا تم دیکھتے نہیں ہو کہ وہ ہر وادی میں بھٹکتے ہیں۔" (xxvi :۲۲۵)

اس لئے شاعر جو کچھ کہتا ہے وہ بے ربطگی کا حامل ہوتا ہے۔ جذبات کے اظہار کی بناء پر شاعر کے نظریات میں ہم آہنگی اور ربط مفقود ہوتا ہے۔ مزید بر آن شاعر کی عملی زندگی اور اس کے شاعرانہ خیالات میں زمین و آسمان کا فرق ہوتا ہے۔ اس کی شاعری صرف اس کے سفلی جذبات کی آئینہ دار ہوتی ہے اور اس لئے شاعر کے لئے یہ ضروری نہیں ہوتا کہ وہ اپنے خیالات کو زندہ حقائق کے سانچے میں ڈھالے "اور پھر وہ (شعراء) وہ کچھ کیوں کہتے ہیں جو کہ وہ کرتے نہیں۔"

دوسری طرف نبی ایک مصلح ہوتا ہے۔ وہ وہی کچھ کہتا ہے جو کہ وہ کرتا ہے اور وہی کچھ کرتا ہے جو کچھ وہ کہتا ہے۔ جس چیز کی وہ تبلیغ کرتا ہے اسے عملی سچائی کے سانچے میں بھی ڈھالتا ہے کیونکہ وہ اصلاحات کا موید ہوتا ہے۔ علاوہ ازیں نبی کی تعلیمات کے مختلف اجزاء میں مکمل ہم آہنگی اور یکجہتی پائی جاتی ہے۔ اس کا ہر پیغام اس کے سارے الہامات سے مکمل طور پر مرتبط ہوتا ہے۔ اس لئے نبی کے پیغام میں نہ تو کوئی بے ربطگی پائی جاتی ہے اور نہ ہی اس میں کچھ فالتو یا زائد بات ہوتی ہے۔

آخر میں شعراء کے برعکس نبی کی سرگرمیوں کا اصل مقصد بنی نوع انسان کی اصلاح اور انہیں نیک بنانا ہتا ہے۔ انبیاء قومی تعصبات، طبقاتی کشمکش اور مادیت جیسی برائیوں سے انسانیت کو نجات دلاتے ہیں اور تمام انسانوں کو خدا کے ایک کنبہ کے طور پر مل جل کر اور صلح و آشتی سے رہنا سکھاتے ہیں۔ انبیاء انسانی نسل کے مختلف طبقوں کے

مابین امن استوار کرتے ہیں اور انسانوں کے درمیان ربط وضبط پیدا کرتے ہیں۔ حرص و طمع، خود غرضی، مادی فوائد سے محبت، ہوسِ اقتدار ان تمام سفلی خواہشات کی تطہیر کی جاتی ہے اور ان کی جگہ انسان بے غرض اور خوفِ خدا رکھنے والے بندوں کی طرح رہنا سیکھتے ہیں جن کی سب سے بڑی خواہش یہ ہوتی ہے کہ انسانیت کی خدمت کی جائے اور انسانی معاشرے سے ظلم وجور اور بے راہ روی کو جڑ سے اکھاڑ پھینکا جائے۔

کیا کوئی شاعر ایسا کر سکتا ہے؟ کیا کوئی شاعر اس قابل ہو سکتا ہے کہ وہ کسی بات کا اظہار اس طور سے کرے کہ وہ اس کی اپنی تعلیمات سے متصادم نہ ہو اور سب سے بڑھ کر یہ کہ وہ ایسے لوگوں کو جو کہ اس کے اشعار پر پروانہ نثار ہوتے ہیں، کے کردار کو نیکی کی شمع سے منور کر دے۔ انسانی تاریخ اور تجربات اس امر کے شاہد ہیں کہ اس سوال کا جواب واضح طور پر اور لازماً نفی میں ہی ہو گا۔

یہ الزام کہ حضور ﷺ شیطانی قوتوں کے زیرِ اثر تھے، کو بھی قرآن پاک نے مکمل طور پر رد کر دیا ہے۔ یہ کس طرح ممکن ہے کہ ایک انسان جس پر شیطانی روح کا غلبہ ہو یا گھٹیا قسم کی فوق العادت قوت کا مالک ہو، وہ خالق حقیقی اور مخلوق کی راہ میں ایستادہ توہمات کے بت کو پاش پاش کر سکے۔ وہ بت پرستی اور مادی گھٹن میں الہام کے مقدس اور متوازن خیال کو کس طرح بحال کر سکتا تھا۔ اس معاشرہ کی اخلاقی تطہیر کا بیڑہ کس طرح اُٹھا سکتا تھا جو کہ برائیوں اور گمراہیوں کی اتھاہ گہرائیوں میں گری پڑی تھی۔ وہ انسانیت کو ایک ایسا ضابطۂ اخلاق کس طرح مرحمت فرما سکتا تھا جس کا مقصد نہ صرف انفرادی اصلاح تھا بلکہ سیاسیات، معاشیات، قانون اور اخلاقیات کی بھی اصلاح تھا۔ جو شخص بھی حضور ﷺ کی حیات طیبہ اور اخلاقِ حمیدہ سے آشنا ہے اور آپ کی تعلیمات اور زندگی کے چلن سے واقف ہے وہ ماسوائے اس پاک ہستی کی تعظیم کے اور کچھ نہیں سوچ سکتا۔ کیا کسی شیطانی

قوت کے زیرِ اثر شخص سے یہ توقع کی جاسکتی ہے کہ اسے اللہ تعالیٰ کا اس قدر قرب حاصل ہو گا۔ اُسے اپنے مشن کی رفعت اور پاکیزگی کا اس قدر خیال ہو گا اور وہ اس کی راہ میں حائل شدید رکاوٹوں کے باوجود اسے کامیاب بنانے کے لئے شب و روز اس طرح کوشاں ہو گا۔ اپنے دوستوں کے اوصاف سے اس قدر آشنا ہو گا اور اپنے دشمنوں کی ہٹ دھرمی اور گھمنڈ سے بھی واقف ہو گا۔ دل و دماغ کے یہ گراں بہا اوصاف کسی ایسے شخص کی ذات میں ملنا محال ہیں جو کہ شیطانی قوتوں کے زیرِ اثر ہو۔ تاریخ کسی دوسرے ایک ایسے شخص کی مثال پیش کرنے سے قاصر ہے جس کے پیغام نے دنیا کی ایک انتہائی متوازن اور شریفانہ تہذیب کو جنم دیا۔ قرآن پاک فرماتا ہے:

"لوگو! کیا میں تمہیں بتاؤں کہ شیاطین کس پر اترا کرتے ہیں؟ وہ ہر جعل ساز بدکار پر اترا کرتے ہیں۔ سنی سنائی باتیں کانوں میں پھونکتے ہیں اور ان میں سے اکثر جھوٹے ہوتے ہیں۔" (xxvi :۲۲۱-۲۲۳)

اسی طرح قرآن اس امر کی بھی پرزور تردید کرتا ہے کہ محمد ﷺ کسی 'جن' کے زیر اثر بات کرتے تھے۔ "کیا انہوں نے یہ خیال نہ کیا کہ ان کا رفیق کسی طرح بھی جن کے زیرِ اثر نہ تھا، وہ تو صرف ایک سیدھے سادے خبردار کرنے والے انسان تھے۔" یہاں رفیق سے مراد محمد ﷺ کی ذاتِ گرامی ہے۔ قرآن پاک لوگوں کو یہ سوچنے کی دعوت دیتا ہے کہ ایسا انسان جو کہ خود غرضی اور ہوسِ اقتدار سے یکسر عاری تھا اور جس کی ساری زندگی خدا تعالیٰ کی تابعداری اور فرمانبرداری میں بسر ہوئی، جو ہر دلعزیز شخصیت کا حامل تھا اور جو امانت و دیانت کا پیکر تھا۔ اور جس نے نہ صرف زندگی کے ایک پہلو میں انسانیت کی رہنمائی کی بلکہ زندگی کے تمام شعبوں میں انسانوں کو سیدھی راہ دکھائی وہ کس طرح "جن" کے زیرِ اثر یہ عظیم کامیابی حاصل کر سکتا تھا۔ تاریخ کی ورق

گردانی کیجیئے اور دیکھیے کہ کیا شیطانی قوتوں کا حامل کوئی شخص اس قابل ہوا ہے کہ وہ اس قدر عظمت حاصل کرسے جو کہ محمد ﷺ کو اپنی نبوت کے ۲۳ سال کی مختصر مدت میں حاصل ہوئی۔ آپ ﷺ کا ظہور قدسی ایسی سرزمین اور لوگوں میں ہوا جو کہ کوئی قابل فخر شاندار ماضی نہ رکھتے تھے۔ یہ صرف آپ ﷺ کی ذاتِ گرامی تھی جس نے ایسی قوم کو بامِ عروج پر پہنچایا، عظیم سلطنتوں کو پاش پاش کردیا۔ مدت دراز سے قائم شدہ مذاہب کو ختم کردیا اور لاتعداد مردو خواتین کے کردار کو بدل کر ایک نئی دنیا- دنیائے اسلام کو جنم دیا۔ کیا کوئی ذی ہوش یہ خیال کرسکتا ہے کہ ایسا انقلاب جس نے نہ صرف دنیا کے نقشہ کو بدل کر رکھ دیا ہو بلکہ انسانی اخلاق کو بھی پاکیزہ تر بنایا ہو اور علم کی وسعتوں میں بھی اضافہ کیا ہو، وہ ایک ایسے انسان کا مرہونِ منت ہو سکتا ہے جو کہ "جن" کے فسوں کے زیرِ اثر ہو۔

یہ حقیقت کہ مخالفین کا اپنے الزامات کے معاملے میں بھی متفق الرائے نہ ہونا، بذاتِ خود ان الزامات کو جھوٹا قرار دینے کے لئے کافی ہے۔ یہ عقل و خرد سے عاری لوگ محض اس لئے حضور ﷺ کی ذاتِ بابرکات پر کیچڑ اچھالتے ہیں کہ ممکن ہے ان کا کوئی الزام ہی کارگر ہو جائے۔ یہی وجہ ہے کہ وہ اپنی تنقید کے معاملے میں کوئی ٹھوس اور یکساں طریق کار اختیار نہیں کرسکے۔ وہ اپنے اس ناپاک مقصد کے حصول کے لئے متضاد بہتان تراشتے ہیں۔ کبھی کہتے ہیں کہ آپ ﷺ ایک شاعر تھے، کبھی آپ کے فرمان کو جوتشی اور جادوگر کی باتیں قرار دیتے تھے۔ یہ امر بلاشبہ اپنی جگہ حیران کن ہے کہ ایک ایسے شخص کو جو کہ غیر تعلیم یافتہ تھا اور جس کو قدیم مذہبی کتب کا کوئی علم نہ تھا، اللہ تعالیٰ نے اس اعزاز سے مشرف فرمایا کہ اس پر قرآن پاک نازل ہوا جو کہ اپنی بے مثال، پاکیزہ تر اور لطیف زبان اور برتر حیثیت کی بنا پر اپنے الہامی ہونے کے لئے بذاتِ خود ایک

ناقابلِ تردید ثبوت ہے۔

ایک الزام یہ بھی تھا کہ حضور ﷺ ایک عام انسان کی طرح بازاروں میں چلتے پھرتے تھے، آپ ﷺ کے بیوی بچے تھے اور اس لئے آپ ﷺ کی ذاتِ گرامی میں کوئی ایسی غیر معمولی اور فوق الفطرت بات نہ تھی جو کہ آپ ﷺ کو عام انسانوں سے ممتاز کرتی اور آپ ﷺ کے نبی ہونے پر دلالت کرتی۔

قرآن پاک میں بہ تفصیل اس امر سے بحث کی گئی ہے اور نیتجتاً یہ بیان کیا گیا ہے کہ انبیاء انسانوں کی رہنمائی کے لئے بھیجے جاتے ہیں۔ وہ انسان ہوتے ہیں اور اس لئے کسی غیر معمولی قوت کے حامل نہیں ہوتے۔ قرآن پاک خود اس امر پر زور دیتا ہے کہ محمد ﷺ انسان تھے۔

"اے محمدؐ! کہو کہ میں ایک انسان ہوں تم ہی جیسا، میری طرف وحی کی جاتی ہے، کہ تمہارا خدا بس ایک ہی خدا ہے۔"(xviii :۱۱۰)

"اے نبیؐ! ان سے کہو، میں تو ایک بشر ہوں تم جیسا، مجھے وحی کے ذریعہ سے بتایا جاتا ہے کہ تمہارا خدا تو بس ایک ہی ہے۔ لہٰذا تم سیدھے اسی کا رخ اختیار کرو اور اس سے معافی چاہو۔"(xii :٦)

قرآن پاک اس کی وجہ بھی بیان کرتا ہے کہ کیوں نبی کی پیدائش صرف انسانوں میں ہی ہونی چاہیے۔ یہ اس لئے کہ نبی کو انسانیت کی رہنمائی کا فرض سونپا جاتا ہے اور یہ فریضہ صرف انسان ہی سر انجام دے سکتا ہے۔ چنانچہ اس فرض کی احسن ادائیگی کے لئے اسے ایک انسان کی طرح زندگی بسر کرنا ہوگی۔ زندگی کی مسرتوں سے لطف اندوز اور اس کی تکلیفات کو سہنا ہوگا تاکہ اس کے ارد گرد کے انسان اس کے نقشِ قدم پر چل سکیں اور لوگ اس کی ذات میں دینداری اور پرہیز گاری کا ایک زندہ نمونہ پا سکیں۔ اس

کی زندگی خالقِ کائنات کی صفات کا مظہر ہو۔ وہ انسانی زندگی کا مثالی نمونہ پیش کرتا ہو۔ یہ مقصد صرف اِسی وقت حاصل ہو سکتا ہے جب نبی انسان ہو۔ اور اپنی عملی زندگی میں صالح سیرت کا مظاہرہ کرے۔ یہ صرف اسی صورت میں ممکن ہے کہ وہ بحیثیت انسان لوگوں کو صراطِ مستقیم دکھا سکے اور ان میں مذہب سے لگاؤ اور زہد و تقویٰ پیدا کر سکے۔

عرصہ دراز سے لوگوں میں یہ غلط فہمی پائی جاتی ہے کہ ایسے انسان کو جس کے پاس کوئی مافوق البشری قوت نہ ہو، کبھی بھی خدا انسانیت کی اصلاح کا فرض تفویض نہیں کر سکتا۔ قرآن پا اس غلط نظریہ کو رد کرتے ہوئے فرماتا ہے کہ فرشتے انسانی احساسات اور جذبات سے یکسر عاری ہوتے ہیں اس لئے وہ انسانوں کے لئے اچھے مصلح ثابت نہیں ہو سکتے۔ انسان صرف ایسے اعمال سے ہی سیکھ سکتا ہے جو کہ انسانی احساسات سے وابستہ ہوں اور انسانی زندگی کے مختلف مسائل سے دوچار ہوں۔ چنانچہ یہ صرف انسان ہی ہے جس کو یہ فرض سونپا گیا کہ وہ احکامِ الٰہی کو انسانوں تک پہنچائے اور خالقِ حقیقی کے احکام کے مطابق زندگی گزار کر اس کے عملی مضمرات کی انسانوں کے سامنے وضاحت کرے۔ انبیاء کے قول و فعل ہر لحاظ سے مثالی ہوتے ہیں کیونکہ ان کی زندگیاں اللہ تعالیٰ کی دوستی سے عبارت ہوتی ہیں۔

"لوگوں کے سامنے جب کبھی ہدایت آئی تو اس پر ایمان لانے سے ان کو کسی چیز نے نہیں روکا مگر ان کے اسی قول نے کہ کیا اللہ نے بشر کو پیغمبر بنا کر بھیج دیا۔ ان سے کہو اگر زمین میں فرشتے اطمینان سے چل رہے ہوتے تو ہم ضرور کسی فرشتے ہی کو ان کے لئے پیغمبر بنا کر بھیجتے۔" (xvii :۹۴-۹۵)

مندرجہ بالا آیات صاف طور پر ظاہر کرتی ہیں کہ صرف انسان ہی اس قابل ہے کہ انسانوں کی رہنمائی کر سکے کیونکہ اس کی زندگی عملی رہنمائی کا نمونہ پیش کرتی ہے۔

چونکہ یہ دنیا انسانوں کی بستی ہے اور اس لئے ان کی اصلاح کے لئے انبیاء کو انسانوں کے روپ میں بھیجا جاتا ہے۔ چنانچہ صرف انسان ہی اس عظیم فرض کو کامیابی سے نبھا سکتے ہیں۔

"کہتے ہیں اس نبی پر کوئی فرشتہ کیوں نہ اتارا گیا۔ اگر کہیں ہم نے فرشتہ اتار دیا ہوتا تو اب تک کبھی کا فیصلہ ہو چکا ہوتا، پھر انہیں کوئی مہلت نہ دی جاتی۔ اور اگر ہم فرشتے کو اتارتے تب بھی اسے انسانی شکل ہی میں اتارتے۔(vi :۸-۹)

حضور ﷺ کے مخالفین کے پراپیگنڈہ کا ایک اور طریقہ یہ تھا کہ وہ حضور ﷺ کے الہامات کا تمسخر یہ کہہ کر اُڑاتے تھے کہ یہ الہامات مکمل طور پر انسانی ذہن کی پیداوار ہیں۔ یہ یا تو حضور ﷺ کا کام ہے یا پھر یہ حضور ﷺ کے نائبین کا کیا دھرا ہے یا پھر یہ قدیم مذہبی کہانیاں ہیں۔ قرآن پاک نے اس الزام کی پُرزور تردید ان الفاظ میں کی ہے۔

"جن لوگوں نے نبی کی بات ماننے سے انکار کر دیا ہے، کہتے ہیں کہ فرقان ایک من گھڑت چیز ہے جسے اس شخص نے آپ ہی گھڑ لیا ہے اور کچھ دوسرے لوگوں نے اس کام میں اس کی مدد کی ہے۔ بڑا ظلم اور سخت جھوٹ ہے جس پر یہ لوگ اتر آئے ہیں۔ کہتے ہیں یہ پرانے لوگوں کی لکھی ہوئی چیزیں ہیں جنہیں یہ شخص نقل کراتا ہے اور وہ اسے صبح و شام سنائی جاتی ہیں۔ اے محمدؐ! ان سے کہو کہ اسے نازل کیا ہے اس نے جو زمین اور آسمانوں کا بھید جانتا ہے۔ حقیقت یہ ہے کہ وہ بڑا غفورٌ رحیم ہے۔"(xxv :۴-۶)

اس الزام کو قرآن پاک کی کئی ایک دوسری آیات میں مختلف طریقے سے دہرایا گیا ہے۔

"ہمیں معلوم ہے یہ لوگ تمہارے متعلق کہتے ہیں کہ اس شخص کو ایک آدمی پڑھاتا ہے۔ حالانکہ ان کا اشارہ جس آدمی کی طرف ہے اس کی زبان عجمی ہے اور یہ صاف

عربی زبان ہے۔ حقیقت یہ ہے کہ جو لوگ اللہ کی آیات کو نہیں مانتے۔ اللہ کبھی ان کو صحیح بات تک پہنچنے کی توفیق نہیں دیتا اور ایسے لوگوں کے لئے دردناک عذاب ہے (جھوٹی باتیں نبی نہیں گھڑتا بلکہ) جھوٹ وہ لوگ گھڑ رہے ہیں جو اللہ کی آیات کو نہیں مانتے وہی حقیقت میں جھوٹے ہیں۔" (xvi :۱۰۳-۱۰۶)

قرآن پاک کی تعلیمات کو جھٹلانے کے سلسلے میں سب سے بڑا اعتراض یہی ہے اور یہ اعتراض اس قدر احمقانہ اور کھوکھلا ہے کہ اس پر غور کی بھی ضرورت نہیں۔ اشخاص جن کے نام اس سلسلے میں پیش کیے گئے وہ تھے جابر، یاسر، عائش، یاعش، قیس اور اویس۔ یہ سب حضرات طاقتور عرب مالکوں کے بے بس غلام تھے۔ یہاں یہ امر بلاشبہ حیران کن ہے کہ وہ اشخاص جن پر محمد ﷺ کو نبوت کی کارگری سکھانے کا الزام ہے یہ وہ لوگ ہیں جنہوں نے سب سے پہلے قرآن کے الہامی ہونے پر یقین کیا اور اپنے اس ایمان کی خاطر اپنے آقاؤں کے ہر ظلم و ستم کو برداشت کرنے کے لئے تیار ہو گئے۔

مزید برآں ان میں سے کوئی بھی نسلاً عربی نہ تھا بلکہ سب عجمی تھے جو کہ عرب کی منڈیوں میں غلاموں کے طور پر فروخت کئے گئے تھے۔ کیا یہ امر کچھ کم حیران کن ہے کہ وہ لوگ جو کہ نسلاً عجمی تھے اس قابل ہو سکتے تھے کہ وہ قرآن پاک جیسی کتاب جس کی زبان انتہائی اعلیٰ و ارفع اور فصیح ہے، جو کہ اپنے الفاظ کی بندش اور فقرات کے اعتبار سے منفرد حیثیت کی حامل ہے، جس کا اپنا ایک مخصوص اندازِ بیان ہے، جو آیات کے آغاز و اختتام کا غیر معمولی اسٹائل رکھتی ہے اور جو خیالات کے بہاؤ، واقعات کے بیان، انتباہ اور دلائل کا ایسا انوکھا طریقہ رکھتی ہے، جس کی مثال انسانی تاریخ میں ملنا محال ہے، کو وضع کر سکتے۔ قرآن پاک باوجود مختلف نوعیت کے مضامین کا احاطہ کیے ہوئے ہونے کے، ترکیب و ترتیب کا ایک عظیم اور حسین مرقع ہے۔ عرب تو صرف نثر یا شاعری سے آشنا

تھے۔ ان کی نثر مقفیٰ اور غیر مقفیٰ میں منقسم تھی۔ دانشور اشعار میں اظہارِ خیال کرتے تھے۔ جہاں تک ان کی نثر کا تعلق ہے یہ عام لوگوں کے استعمال میں تھی۔ قرآن اس دور کی نثر اور شاعری سے بالکل مشابہ نہیں کیونکہ اس کی آیات کا اختتام قافیہ بندی اور نثر کے سَاج سے بالکل مختلف ہوتا ہے قرآن پاک نے بلاشبہ اظہار کا ایک منفرد ذریعہ رائج کیا ہے جو کہ عام انسان کی دسترس سے باہر ہے۔

ایک اور بے معنے اعتراض یہ ہے کہ محمد ﷺ مطلقاً ایک ایسے شخص نہ تھے جن پر وحی نازل ہوتی۔ وہ بالکل اس کے اہل نہ تھے۔ عام عرب تو اس کا تصور بھی نہیں کر سکتے تھے کہ ایک ایسا انسان جس کی حیثیت ایک یتیم بچے سے زیادہ نہ تھی جس کے پاس امارت کے دکھاوے کے لئے کچھ نہ تھا۔ اسے نبی کی حیثیت سے سرفراز کیا جا سکتا تھا۔ ان کا خیال یہ تھا کہ نبوت سے صرف قبائل کے دولتمند سرداروں کو ہی نوازا جا سکتا ہے۔

"کہتے ہیں، اگر صرف اس قرآن کو نازل ہونا ہی تھا تو یہ دو شہروں (مکہ اور طائف) کے بعض بڑے آدمیوں پر نازل ہوتا۔" (xiii :۳۱)

اس تنقید کے رد میں قرآن پاک فرماتا ہے کہ نبوت اللہ تعالیٰ کا خاص انعام ہے اور وہ ہی بہتر جانتا ہے کہ یہ کس کو ملنی چاہے۔ اس لئے کسی انسان کو یہ حق نہیں پہنچتا کہ وہ اللہ کے انتخاب پر معترض ہو اور اللہ تعالیٰ سے اس امر کی سفارش کرے کہ وہ کس کو اس کے لئے منتخب کرے اور کس کو نظر انداز کرے۔

"کیا یہ وہ ہیں جو اللہ تعالیٰ کے فضل و کرم کے تقسیم کنندہ ہیں؟"

منکرین کا کہنا یہ تھا کہ وہ اس وقت تک حضور ﷺ کی نبوت پر یقین نہیں کریں گے تاوقتیکہ انہیں خود پیغمبرانہ تجربات حاصل نہ ہوں۔

"جب ان کے سامنے کوئی نشانی آتی ہے تو وہ کہتے ہیں، ہم نہ مانیں گے جب تک کہ

وہ چیز خود ہم کو نہ دی جائے جو اللہ کے رسولوں کو دی گئی ہے۔" (vi :۱۲۵)

قرآن ایسے مطالبہ کو عجیب و غریب خیال کرتا ہے اور فرماتا ہے کہ اللہ تعالیٰ ہی اس امر کا بہتر فیصلہ کر سکتا ہے کہ اس کے انعام کا حق دار کون ہے؟ اللہ ہی بہتر جانتا ہے کہ وہ اپنے پیغام کے اعلان کا فریضہ کس کو سونپے۔

"اور اسی طرح (اے محمدؐ) ہم نے اپنے حکم سے ایک روح تمہاری طرف وحی کی ہے تمہیں کچھ پتہ نہ تھا کہ کتاب کیا ہوتی ہے اور ایمان کیا ہوتا ہے، مگر اس روح کو ہم نے ایک روشنی بنا دیا جس سے ہم راہ دکھاتے ہیں اپنے بندوں میں سے جسے چاہتے ہیں۔ یقیناً تم سیدھے راستے کی طرف رہنمائی کر رہے ہو۔" (xiii :۵۲)

"وہی ہے جس نے امیوں کے اندر ایک رسول خود انہی میں سے اٹھایا، جو انہیں اس کی آیات سناتا، ان کی زندگی سنوارتا اور ان کو کتاب اور حکمت کی تعلیم دیتا ہے۔ حالانکہ اس سے پہلے وہ کھلی گمراہی میں پڑے ہوئے تھے۔

اور (اس رسول کی بعثت) ان دوسرے لوگوں کے لئے بھی ہے جو ابھی ان سے نہیں ملے یہ اس کا فضل ہے جسے چاہتا ہے دیتا ہے۔" (xiii :۱-۳)

معجزات کا مطالبہ:

مخالفین کا آخری گروہ ایسے لوگوں پر مشتمل ہے جو کہ یہ خیال کرتے ہیں کہ وحی کا حامل صرف وہی انسان ہو سکتا ہے جو کہ فوق الفطرت قوت رکھتا ہو۔ جب وہ محمد ﷺ کو دیکھتے تھے کہ وہ عام انسانوں کی طرف بازاروں میں چلتے پھرتے تھے، اپنے روز مرّہ کے استعمال کی اشیاء خریدتے تھے، سردیوں میں سرد جھونکوں سے اپنے آپ کو بچاتے تھے اور گرما کی جھلسا دینے والی گرمی سے اپنی حفاظت کا بندوبست کرتے تھے جس طرح کہ دوسرے انسانوں کا خاصہ ہے تو وہ آپ ﷺ کو خدا کا نبی ماننے کے لئے تیار نہ ہوتے تھے

کیونکہ وہ آپ ﷺ میں کوئی غیر معمولی صلاحیت نہ پاتے تھے۔ ان کے نزدیک نبی کا مافوقی ہونا از بس ضروری تھا۔ اس لئے کفار حضور ﷺ کی نبوت کو شک کی نظر سے دیکھتے تھے اور کہتے تھے:

"کہتے ہیں، یہ کیسا رسول ہے جو کھانا کھاتا ہے اور بازاروں میں چلتا پھرتا ہے۔ کیوں نہ اس کے پاس کوئی فرشتہ بھیجا گیا جو اس کے ساتھ رہتا اور (نہ ماننے والوں کو) دھمکاتا؟ اور کچھ نہیں تو اس کے لئے خزانہ ہی اتار دیا جاتا، یا اس کے پاس کوئی باغ ہی ہوتا جس سے یہ (اطمینان کی) روزی حاصل کرتا؟ اور ظالم کہتے ہیں کہ تم لوگ تو ایک سحر زدہ آدمی کے پیچھے لگ گئے ہو۔" (xxv :۷-۸)

سورۂ بنی اسرائیل میں محمد ﷺ میں فوق الفطرت نشانیوں کا تقاضا اور بھی زیادہ شدید ہے۔

"انہوں نے کہا، ہم تیری بات نہ مانیں گے جب تک کہ تو ہمارے لئے زمین کو پھاڑ کر ایک چشمہ جاری نہ کر دے یا تیرے لئے کھجوروں اور انگوروں کا ایک باغ پیدا ہو اور تو اس میں نہریں رواں کر دے۔ یا تو آسمان کو ٹکڑے ٹکڑے کر کے ہمارے اوپر گرا دے جیسا کہ تیرا دعویٰ ہے یا خدا اور فرشتوں کو رُو در رُو ہمارے سامنے لے آئے یا تیرے لئے سونے کا ایک گھر بن جائے یا تو آسمان پر چڑھ جائے اور تیرے چڑھنے کا بھی ہم یقین نہ کریں گے جب تک تو ہمارے اوپر ایک ایسی تحریر نہ اتار لائے جسے ہم پڑھیں۔" (۹۳-xvii :۹۰)

محمد ﷺ کی نبوت پر اعتراضات اگرچہ متعدد ہیں لیکن ان اعتراضات میں سے ایک الزام یکساں ہے اور وہ یہ کہ حضور ﷺ کے پاس فوق الفطرت قوت کا ہونا ضروری تھا جس سے وہ جب چاہیں فطری عمل کو معطل یا توڑ سکیں۔ ان اعتراضات کے جواب میں

اللہ تعالیٰ نے حضور ﷺ سے فرمایا:

"اے محمد ﷺ! ان سے کہو، پاک ہے میرا پروردگار! کیا میں ایک پیغام لانے والے انسان کے سوا کچھ اور ہوں۔" (xvii :۹۳)

مندرجہ بالا آیت میں انتہائی خوب صورتی سے وضاحت کی گئی ہے کہ حضور ﷺ صرف ایک خبر دار کرنے والے انسان تھے اور اس لئے فوق الفطرت قوت کے مالک نہ تھے۔ زمین کو پھاڑ کر چشمہ جاری کرنا، دریا رواں کرنا، آسمان کو ٹکڑے ٹکڑے کر کے گرانا، سونے کا گھر بنانا، ایک سچے نبی ہونے کے ضروری لوازمات نہیں۔ اس کے برعکس سچے نبی کی خصوصیات یہ ہیں کہ وہ انتہائی نیک اور صالح ہو، راست باز ہو، دیانت دار ہو، بے داغ اور شاندار اخلاق کا حامل ہو، پاک باز، پاک دامن، باعصمت اور باعفت ہو، بے غرض اور انسانیت سے محبت رکھتا ہو اور اللہ تعالیٰ کی پیروی کرنے والا ہو۔

قرآن پاک میں اس بارے میں کئی ایک جگہ اس بات کا ذکر آیا ہے۔ پہلی بات تو یہ ہے کہ معجزات نبی کے ہاتھ میں نہیں ہوتے۔

"کسی رسول کی بھی یہ طاقت نہ تھی کہ اللہ کے اذن کے بغیر خود کوئی نشانی لے آتا۔ پھر جب اللہ کا حکم آگیا تو حق کے مطابق فیصلہ کر دیا گیا اور اس وقت غلط کار لوگ خسارے میں پڑ گئے۔" (xi:۷۸)

نبی پا ﷺ خود اقرار کرتے ہیں کہ وہ معجزہ صفت شخصیت کے حامل نہیں اور اس لئے وہ اپنی مرضی سے معجزات نہیں دکھا سکتے کیونکہ یہ اختیار صرف اللہ تعالی کو ہی حاصل ہے۔ انہوں نے نہایت صاف الفاظ میں بیان کیا کہ نبی صرف اللہ تعالیٰ کا پیغمبر ہوتا ہے جو کہ ایمانداری سے اپنے آقا کے احکام بجالاتا ہے۔

"اے محمدؐ! ان سے کہو، میں تم سے یہ نہیں کہتا کہ میرے پاس اللہ کے خزانے ہیں۔

نہ میں غیب کا علم رکھتا ہوں اور نہ میں یہ کہتا ہوں کہ میں فرشتہ ہوں میں تو صرف اس وحی کی پیروی کرتا ہوں جو مجھ پر نازل کی جاتی ہے۔" (vi :۵۰)

"اے محمدؐ! ان سے کہو کہ میں اپنی ذات کے لئے کسی نفع اور نقصان کا اختیار نہیں رکھتا۔ اللہ ہی جو کچھ چاہتا ہے وہ ہوتا ہے، حالانکہ اگر مجھے غیب کا علم ہوتا تو میں بہت سے فائدے اپنے لئے حاصل کر لیتا اور مجھے کوئی نقصان نہ پہنچتا۔ میں تو محض ایک خبر دار کرنے والا اور خوشخبری سنانے والا ہوں ان لوگوں کے لئے جو میری بات مانیں۔" (vii:۱۸۸)

معجزات کے تقاضا کے جواب میں اللہ تعالیٰ قرآن پاک میں فرماتا ہے کہ محمد ﷺ کی غیر معمولی پاک زندگی اور بے مثال کتاب جس کا ان پر نزول ہوا بذاتِ خود دو ایسے معجزات ہیں جو کہ آپ ﷺ کے نبوت کے دعویٰ کی تصدیق کرتے ہیں۔ کیا یہ کم معجزہ ہے کہ ایک بے یار و مددگار انسان، جس کے پاس کوئی مادی وسائل نہ تھے، جو سالہا سال تک لوگوں کی شدید نفرت کا نشانہ بنا رہا، جو ایسے مشن کی کامیابی کے لئے سرگرداں تھا جس سے اس کی اپنی کوئی غرض وابستہ نہ تھی اور جب لوگ اس کے ارد گرد جمع ہونے شروع ہو گئے تو اس نے انہیں اپنا غلام بنانے کی بجائے یہ ترغیب دی کہ وہ اللہ تعالیٰ کے سامنے سجدہ ریز ہو جائیں جو کہ کل کائنات کا مالک اور پالنے والا ہے، پھر اس شخص جو کہ غیر تعلیم یافتہ تھا، نے لوگوں کو ایسی کتاب دی جو کہ سراپا رشد و ہدایت ہے، جو کہ انسانی زندگی سے وابستہ قوانین کا ایک نادر مجموعہ ہے، جو عبادت اور اخلاق کا ایک ضابطہ ہے اور آج بھی انسانی نسل کا ایک بہت بڑا حصہ اس کی تعظیم کرتا ہے اور اسے سچائی کا ایک اعجاز خیال کرتا ہے۔ بلاشبہ یہ بہت بڑے معجزات ہیں اور ان معجزات میں شک کی کوئی گنجائش نہیں۔ قرآن اس چیز پر زور دیتا ہے۔

"یہ لوگ کہتے ہیں کہ کیوں نہ اتاری گئیں اس شخص پر نشانیاں اس کے رب کی طرف سے؟ کہو، نشانیاں تو اللہ کے پاس ہیں اور میں صرف خبر دار کرنے والا ہوں کھول کھول کر۔"

اور کیا ان لوگوں کے لئے یہ (نشانی) کافی نہیں ہے کہ ہم نے تم پر کتاب نازل کی جو انہیں پڑھ کر سنائی جاتی ہے۔ در حقیقت اس میں رحمت ہے اور نصیحت ان لوگوں کے لئے جو ایمان لاتے ہیں۔" (xxix:۵۰-۵۱)

ان آیات میں قرآن حکیم کو حضرت محمد ﷺ کا بہت بڑا معجزہ قرار دیا گیا ہے جو کہ الہامی زبان میں نازل ہوا۔ کیا اس سے بڑا معجزہ کوئی اور ہو سکتا ہے؟ اور کیا آپ اس سے بڑے معجزے کا تقاضا کر سکتے ہیں؟

قرآن مجید مزید فرماتا ہے کہ محمد ﷺ کا ظہور غیر متوقع نہ تھا۔ تمام انبیاء اور الہامی کتب آپ ﷺ کے ظہور قدسی کی خبر دیتی ہیں، آپ کی مدح سرائی کرتی ہیں اور اپنے پیروکاروں کو آپ ﷺ کی اطاعت کی ہدایت کرتی ہیں۔

"کیا ان (اہلِ مکہ) کے لئے یہ کوئی نشانی نہیں ہے کہ اسے علماء اسرائیل جانتے ہیں۔" (xxvi:۱۹۷)

"وہ کہتے ہیں کہ یہ شخص اپنے رب کی طرف سے کوئی نشانی (معجزہ) کیوں نہیں لاتا؟ اور کیا ان کے پاس اگلے صحیفوں کی تمام تعلیمات کا بیان واضح نہیں آگیا۔" (xx:۱۳۳)

قرآن پاک نے اس حقیقت کی بھی نشاندہی کی ہے کہ کفار کا معجزات کے لئے مطالبہ نیک نیتی پر مبنی نہ تھا بلکہ وہ محمد ﷺ اور آپ کے ماننے والوں کے بارے میں فضول باتیں کر کے ان کو ذہنی کوفت پہنچانا چاہتے تھے۔ تمام شکوک و شبہات کے باوجود جب لوگ دینِ حق کی طرف کھنچے چلے جا رہے تھے تو ان کا مفاد آڑے آتا تھا۔ انہیں یہ

کسی صورت بھی گوارا نہ تھا کہ اپنا مذہب ترک کر دیں کیونکہ ایسا کرنے سے وہ اچھی طرح جانتے تھے کہ وہ استحصال کے سارے ذرائع اور مواقع کھو دیں گے۔ انہیں اچھی طرح اس بات کا احساس تھا کہ دینِ اسلام قبول کرنے سے انہیں اپنے عیش و عشرت اور مادی مفادات پر کئی ایک پابندیاں قبول کرنا پڑیں گی جن سے وہ غیر اخلاقی اور ناجائز ذرائع سے عرصہ دراز سے لطف اندوز ہو رہے تھے۔

قرآن پاک میں کئی ایک مثالیں آئی ہیں کہ جب انبیاء نے معجزات دکھائے تو ہٹ دھرم اور ضدی کفار نے انہیں یہ کہہ کر رد کر دیا کہ یہ تو سوائے جادو کے کرشمہ کے اور کچھ نہیں۔

"مگر جب ہماری کھلی کھلی نشانیاں ان لوگوں کے سامنے آئیں تو انہوں نے کہا کہ یہ تو کھلا جادو ہے۔ انہوں نے سراسر ظلم اور غرور کی راہ سے ان نشانیوں کا انکار کیا حالانکہ دل ان کے قائل ہو چکے تھے۔ اب دیکھ لو کہ ان مفسدوں کا انجام کیا ہوا؟" (۱۴-۱۳: xxvii)

اس آیت میں اللہ تعالیٰ نے یہ وجہ بتلائی ہے کہ کفار کیوں حلقہ بگوشِ اسلام نہ ہوتے تھے۔ یہ محض ان کی ہٹ دھرمی تھی جو کہ انہیں سیدھے راستے سے دور رکھتی تھی، کفار کی ہٹ دھرمی کا یہ حال تھا کہ حضور صَلَّی اللّٰہُ عَلَیْہِ وَسَلَّم کے اشارہ پر اللہ تعالیٰ نے چاند کو دو ٹکڑے کر دیا تو انہوں نے اس پر کوئی توجہ نہ دی اور اس کو یکسر نظر انداز کر دیا کہ یہ تو محض جادوگری کا کرشمہ ہے۔

"قیامت کی گھڑی قریب آگئی اور چاند پھٹ گیا مگر ان لوگوں کا حال یہ ہے کہ خواہ کوئی نشانی دیکھ لیں منہ موڑ جاتے ہیں اور کہتے ہیں یہ تو چلتا ہوا جادو ہے۔ انہوں نے (اس کو بھی) جھٹلا دیا اور اپنی خواہشاتِ نفس ہی کی پیروی کی۔ ہر معاملہ کو آخر کار ایک انجام پر

پہنچ کر رہنا ہے۔(iiv:۱-۳)

قرآن پاک مزید وضاحت کرتا ہے کہ چونکہ کفار ہٹ دھرم تھے اور کوتاہ نظر تھے اس لئے وہ صحیح اور غلط میں تمیز نہ کرسکے۔ اللہ تعالیٰ کے مظاہر کا ان پر کوئی اثر نہ تھا کیونکہ وہ اپنی اس ہٹ دھرمی اور گھمنڈ کی وجہ سے جو کہ انہوں نے رسولِ خدا کے بارے میں روا رکھا ہوا تھا کی وجہ سے عقل سے یکسر عاری ہو چکے تھے۔

"لوگوں کا حال یہ ہے کہ ان کے رب کی نشانیوں میں سے کوئی نشانی ایسی نہیں جو ان کے سامنے آئی ہو اور انہوں نے اس سے منہ نہ موڑ لیا ہو۔" (vi :۴)

ایک اور جگہ قرآن پاک کفار کی ہٹ دھرمی کو ان الفاظ میں بیان کرتا ہے۔

"اے پیغمبر! اگر ہم تمہارے اوپر کوئی کاغذ میں لکھی لکھائی کتاب بھی اتار دیتے اور لوگ اپنے ہاتھوں سے چھُو کر بھی دیکھ لیتے تب بھی جنہوں نے حق کا انکار کیا ہے وہ یہی کہتے کہ یہ تو صریح جادو ہے۔"(vi :۷)

متذکرہ بالا شکوک و شبہات کے علاوہ حضور ﷺ کی نیت پر بھی شک کا اظہار کیا گیا۔ کفار نے یہ بھی ناکام کوشش کی کہ حضور ﷺ کا مذہبی مشن جس کے بارے میں آپ کا دعویٰ ہے کہ اس کا اللہ تعالیٰ نے حکم دیا مادی مفادات سے زیادہ کچھ نہیں۔ آپ ﷺ اپنے ان مذہبی ہتھکنڈوں سے ان پر طاقت اور غلبہ حاصل کرنا چاہتے ہیں۔ قرآن پاک ان الزامات کو رد کرتا ہے اور بار بار اس امر پر زور دیتا ہے کہ محمد ﷺ خبردار کرنے والے انسان تھے اور آپ کا مقصد محض انسانوں کو انتباہ کرنا تھا اور اس میں ان کا اپنا کوئی مفاد پوشیدہ نہ تھا:

"اگر میں نے تم سے کوئی اجر مانگا ہے تو وہ تم ہی کو مبارک رہے۔ میرا اجر تو اللہ کے ذمہ ہے اور وہ ہر چیز پر گواہ ہے۔"(xxxiv:۴۷)

حضور ﷺ کی سیرت پاک اور حیاتِ طیبہ کا مصدقہ ریکارڈ ظاہر کرتا ہے کہ اہلِ مکہ کو یہ احساس اچھی طرح ہو چکا تھا کہ محمد ﷺ اپنے مشن میں کامیاب ہو جائیں گے اس لئے وہ حضور ﷺ کو اکثر بیشتر حیلوں بہانوں سے تنگ کرتے رہتے تھے۔ ایک دن مکہ کے بعض آدمی کعبہ کے ارد گرد جمع ہوئے اور آپ ﷺ کو بلا بھیجا۔ جب آپ ﷺ تشریف لائے تو آپ سے یوں مخاطب ہوئے:

"ہم نے عرب کا کوئی دوسرا آدمی ایسا نہیں دیکھا جو کہ قوم کے لئے اتنی بڑی تباہی لایا ہو جتنی کہ آپ ﷺ لائے ہیں۔ آپ نے ہمارے خداؤں اور مذہب کی توہین کی ہے اور ہمارے آباء و اجداد اور دانشوروں پر بد اخلاقی اور غلط کاری جیسے الزامات لگائے ہیں اور اس طرح ہماری صفوں میں رخنہ ڈال دیا ہے۔ آپ ﷺ نے ہمارے تعلقات میں کشیدگی پیدا کرنے میں کوئی دقیقہ فروگزاشت نہیں کیا۔ اگر آپ نے یہ سب کچھ دولت حاصل کرنے کے لئے کیا ہے تو ہم مل کر آپ کو مالا مال کر دیں گے اور اتنی دولت دیں گے کہ کسی قریشی کے پاس اتنی نہ ہو گی۔ اگر آپ ﷺ کی خواہش ہو تو ہم آپ ﷺ کو اپنا سردار بنا لیں گے۔ اگر آپ بادشاہت کی خواہش کرتے ہیں تو ہم آپ کو یہ بھی دینے کے لئے تیار ہیں۔ اگر آپ ﷺ کسی بد روح کے غلبہ میں ہیں اور آپ ﷺ اس سے نجات حاصل نہیں کر سکتے تو ہم ایسے ماہرین کی خدمات حاصل کر لیں گے جو کہ آپ ﷺ کو صحت یاب کر دیں گے۔"

کیا آپ لوگ سب کچھ کہہ چکے ہیں؟ حضور ﷺ نے دریافت فرمایا اور جب انہوں نے اثبات میں جواب دیا تو حضور ﷺ نے فرمایا:

"میں آپ کی طرف سے پیش کی جانے والی کسی چیز کا طلبگار نہیں ہوں۔ میں جو کچھ آپ کے لئے لایا ہوں اس کے بدلے میں کچھ نہیں چاہتا خواہ یہ دولت ہو، اعلیٰ مرتبہ ہو یا

بادشاہت ہو۔ میں آپ کی طرف اللہ کا نبی بنا کر بھیجا گیا ہوں اور آپ کو خبردار کرنے کے لئے آیا ہوں۔ میں نے آپ کو اللہ تعالیٰ کا پیغام پہنچا دیا ہے جو کہ آپ کے لئے ماسوائے ایک اچھی چیز کے اور کچھ نہیں۔ اگر تم اسے قبول کرتے ہو تو میں تمہیں یقین دلاتا ہوں کہ اس دنیا میں فائدے میں رہو گے اور آخرت میں بھی سرخرو ہو گے۔ اگر تم اس کا انکار کرو گے تو میں ثابت قدم رہوں گا اور اللہ تعالیٰ کے فیصلے کا انتظار کروں گا۔"

کفار مکہ اور حضور ﷺ کے درمیان ہونے والی متذکرہ بالا گفتگو سے یہ امر روزِ روشن کی طرح عیاں ہو جاتا ہے کہ وہ کیوں حضور ﷺ کی مخالفت پر تلے ہوئے تھے۔ اسلام کی مخالفت کی اصل وجہ یہ تھی کہ ان کے اپنے مفادات خطرے میں پڑ گئے تھے اور وہ دین اسلام کے سیاسی اور معاشی مضمرات سے خوفزدہ تھے۔

***

۸

سیرتِ رسول ﷺ اور مستشرقین

غلام احمد حریری

الْحَمْدُ لِلّٰهِ وَكَفٰى وَسَلَامٌ عَلٰى عِبَادِهِ الَّذِيْنَ اصْطَفٰى،

صدر محترم وسامعین عظام!

آپ نے سرورِ کائنات ﷺ کی سیرت طیبہ کے مختلف پہلوؤں پر متعدد تقاریر و مقالات سنے۔ آنحضور ﷺ کی سیرت طیبہ وہ بحر ناپید اکنار ہے، جس کی شناوری حیطۂ بشری سے خارج ہے، استطاعت انسانی کی حد تک مدح و توصیف کے بعد بھی یہی کہنا پڑے گا کہ:

؎ لا یمکن الثناء کما کان حقہ
بعد از خدا بزرگ توئی قصہ مختصر

حضرتِ گرامی! مجھے جو فریضہ تفویض ہوا ہے، اس کی نوعیت جداگانہ ہے۔ مجھے جس بات کے لئے مامور کیا گیا ہے، وہ اس امر کا اظہار و بیان نہیں کہ جس پاکیزہ ہستی کا تذکار آج مقصود ہے، اس نے کفرستان ارضی کو نعمتِ ایمان سے نوازا۔ اس کی تشریف آوری سے چمنستان دہر میں روح پرور بہار آگئی۔ چرخ نیلی نام نے اس بزم عالم کو یوں آراستہ کیا کہ نگاہیں خیرہ ہو کر رہ گئیں۔ ایوانِ کسریٰ ہی نہیں بلکہ شانِ عجم، شوکت، روم اور اوج چین کے قصرہائے فلک بوس گر پڑے۔ نہ صرف آتشِ فارسی بلکہ آتش کدۂ

ہائے کفر سرویدکر رہ گئے۔ صنم خانوں میں خاک اڑنے لگی۔ شیرازۂ مجوسیت بکھر گیا۔ نصرانیت کے اوراقِ خزاں دیدہ ایک ایک کر کے جھڑ گئے۔

بخلافِ ازیں مجھے یہ ناخوشگوار فریضہ سونپا گیا ہے کہ سینہ پر پتھر رکھ کر آپ یہ سنیں اور میں آپ کو سناؤں کہ آنحضور ﷺ فداہ ابی وامی پر کیچڑ کس نے اچھالا؟ آپ کی فرشتوں سے زیادہ پاکیزہ زندگی کو داغدار کرنے کی کوشش کس نے کی؟ آپ کی ازواجِ مطہرات اور امہات المومنین پر ناپاک حملے کس نے کیئے؟ جو دین آپ لائے تھے اس کی تضحیک کس نے کی؟ اس کے عقائد و افکار کا مذاق کس نے اڑایا؟ کتبِ الٰہی کو تنقید کے تیروں سے کس نے گھائل کیا؟

آپ محوِ حیرت سوچ رہے ہوں گے کہ وہ بدباطن کون ہے؟ آپ کے اس خاموش سوال کے جواب میں یہ کہنے کی اجازت چاہتا ہوں اور اس کے لئے معذرت خواہ بھی ہوں کہ وہ تھے ہم اہل پاکستان کے محبوب رہنما اور ہمارے پسندیدہ فضلاء جن کو ہم مشرق شناس اور مستشرقین (Orientlist) کے نام سے یاد کرتے ہیں، اس لئے ان کی یہ برزہ سرائی اور یادہ گوئی بہر حال گوارا ہونی چاہیئے، بلکہ اس سے ایک قدم آگے بڑھ کر (خاک بدہن ایشاں) ان کی یہ ادا پسندیدہ گناہ سے دیکھی جانے کی اس لئے مستحق ہے کہ محبوب کی ہر ادا بھی محبوب ہوتی ہے۔

عزیزانِ من! محبوب کا لفظ میں نے نادانستہ نہیں بلکہ دانستہ کہا ہے، محبوب کا طرز و انداز، چال ڈھال، نشت و برخاست، طرزِ بود وماند، زندگی کے آداب و اطوار محب کی نگاہ میں نہ صرف پسندیدہ اور مستحسن ہوتے ہیں بلکہ وہ اس کی ہر ادا سے والہانہ شغف رکھتا اور اس پر سو جان سے فدا ہوتا ہے، یہی حال یہاں بھی ہے۔

ان اعدائے دین کی وہ کون سی ادا ہے جو ہمیں عزیز نہیں۔ ہمارا رہنا سہنا، چلنا پھرنا،

کھانا پینا اور سونا جاگنا انہی کے قالب میں ڈھلا ہوا ہے۔ ہمارے یہاں کا مہذب طبقہ دل و جان سے اس بات کا حریص ہے کہ اسی رنگ میں رنگ جائے تا کہ اس کے بارے میں کہا جاسکے۔

من تو شدم تو من شدی من تن شدم تو جان شدی
تاکس نگوید بعد ازیں من دیگرم تو دیگری!

ان دشمنانِ دین کے ساتھ مشابہت و مماثلت کا جو جذبہ ہمارے قلب ذہن میں موج زن ہے، اس کی یہ ادنیٰ کرشمہ سازی ہے کہ اگر وہ حیوانوں کی طرح کھڑے ہو کر بلکہ چلتے پھرتے کھاتے پیتے ہیں، تو ہمارا اعلیٰ طبقہ بھی اس کی بھونڈی نقالی شروع کر دیتا ہے۔ اور اگر وہ بے شعور چوپایوں کی طرح کھڑے ہو کر رفعِ حاجت کرتے ہیں، تو ہم میں سے ترقی کا ایک مدعی بھی اسی طرح کرنے لگے اور پھر فحاشی، عریانی اور بے حیائی کا جو طوفان بدتمیزی ہمارے یہاں اُٹھ رہا ہے، یہ مغرب کی اندھی نقالی کے سوا کیا ہے؟

حضرات! بڑے ادب سے میں یہ پوچھنا چاہتا ہوں کہ جن لوگوں کے ساتھ ہمارا تعلقِ خاطر وابستگی اور دل بستگی کا یہ عالم ہو ان کے بارے میں ہمارا یہ شکوہ کہاں تک درست ہے کہ انہوں نے محمد ﷺ مصطفیٰ فداہ ابی و امی کا احترام ملحوظ نہیں رکھا۔ قرآن کریم کو اپنی تنقید شدید کا نشانہ بنایا یا دین اسلام کو اپنے اعتراضات کے تیروں سے چھلنی کیا۔ اگر ہم میں دینی زندگی کی کچھ رمق بھی باقی ہوتی، تو اس کی نوبت نہ آتی۔ ہمارا مکتب اپنا فریضہ ادا کرتا تو دینی غیرت و حمیت کا یہ عالم نہ ہوتا۔ افسوس تو اس بات کا ہے کہ مکتب نے نقالی کے اس جذبہ کو اور فروغ دیا، جس سے ہماری دینی حس زندہ نہ رہی۔ اسی کے حق میں علامہ فرماتے ہیں۔

گرچہ مکتب کا جواں زندہ نظر آتا ہے
مردہ ہے مانگ لایا ہے فرنگی سے کفن

ہمارے مکتب نے دہریت والحاد کے دروازے چوپٹ کھول دیئے۔

ہم سمجھتے تھے کہ لائے گی فراغت تعلیم

کیا خبر تھی چلا آئے گا الحاد بھی ساتھ

سامعین کرام! میں موضوع سے بہت دور نکل جانے کے لئے معذرت خواہ ہوں، مگر مستشرقین کا ذِکر ہو تو دل کی بات کو چھپا نہیں سکتا اس لئے بقول امیر مینائی۔

امیر جمع ہیں احباب دردِ دل کہہ لے

پھر التفاتِ دلِ دوستاں رہے نہ رہے

تمہید میں قدرے طوالت ناگزیر تھی۔

سیرت نویسی کا آغاز و ارتقاء:

جرمنی کے مشہور مستشرق ڈاکٹر اسپرنگ نے اِس حقیقت کا اعتراف کیا ہے کہ مسلمانوں کے اس فخر کا قیامت تک کوئی حریف نہیں ہو سکتا کہ انہوں نے اپنے پیغمبر کے حالات اور واقعات کا ایک ایک حرف اس احتیاط کے ساتھ محفوظ رکھا ہے کہ کسی شخص کے حالات آج تک اس جامعیت کے ساتھ قلمبند نہیں ہو سکے اور نہ آئندہ اس کی توقع کی جاسکتی ہے۔ اس کی حد یہ ہے کہ آپ کے افعال و اقوال کی تحقیق کے لئے مسلمانوں نے "اسماء الرجال" کے نام سے ایک مستقل فن ایجاد کیا اور اس میں آپ کے دیکھنے والوں اور ملنے والوں میں سے تیرہ ہزار اشخاص کے نام اور حالاتِ زندگی قلمبند کئے۔ حیرت کی بات یہ ہے کہ یہ اس زمانہ میں ہوا جب دنیا میں تصنیف و تالیف کا آغاز ہو رہا تھا۔

مگر یہاں یہ سیرت نویسی کی تاریخ مقصود ہے اور نہ مسلم سیرت نویسوں کا تفصیلی تذکرہ۔ اس دلچسپ اور علمی موضوع کے لئے ایک دوسری فرصت درکار ہے۔ یہاں جو کچھ پیش نظر ہے، وہ یہ ہے کہ مستشرقین کون تھے؟ انہوں نے سیرت نویسی کے سلسلہ

میں کیا کارنامہ انجام دیا؟ اور یہ کہ ان کی کاوش اہلِ اسلام کے لئے کس حد تک ضرر یا نفع رساں ہے؟

سیرت نویسی اور مستشرقین:

اہلِ یورپ ایک مدت تک اسلام سے مطلقاً نابلد تھے، جب وہاں شرق شناسی کا رواج ہوا تو اسلام کے بارے میں طرح طرح کے توہمات میں مبتلا رہے۔ یورپ نے مسلمانوں کو جس طرح جانا اس کو فرانس کا مشہور مصنف ہنری وی کاستری یوں بیان کرتا ہے۔

"وہ گیت اور کہانیاں جو اسلام کے متعلق یورپ میں قرونِ وسطیٰ میں رائج تھے۔ ہمیں نہیں معلوم کہ مسلمان ان کو سن کر کیا کہیں گے؟ یہ تمام داستانیں اور نظمیں مسلمانوں کے مذہب کی ناواقفیت کی وجہ سے بغض و عداوت سے بھری ہوئی ہیں۔ جو غلطیاں اور بدگمانیاں اسلام کے متعلق آج تک قائم ہیں ان کا باعث وہی قدیم معلومات ہیں۔ ہر مسیحی شاعر مسلمانوں کو مشرک اور بت پرست سمجھتا تھا۔ مسلمانوں کے تین خدا تسلیم کئے جاتے تھے۔" (سیرت النبی شبلی بحوالہ ترجمہ کتاب ہنری وی کاستری بزبانِ عربی مطبوعہ مصر ص۸)

سترہویں اور اٹھارہویں صدی:

سترہویں صدی کے سنینِ وسطیٰ یورپ کے عصر جدید کا مطلع ہے۔ یورپ کی جدوجہد سعی و کاوش اور حریت و آزادی کا دَور اسی عہد سے شروع ہوتا ہے۔ ہمارے مقصد کی جو چیز اس دَور میں پیدا ہوئی، وہ مستشرقین کا وجود ہے۔ جن کی کوشش سے نادر الوجود عربی کتابیں ترجمہ اور شائع ہوئیں، عربی زبان کے مدارس علمی و سیاسی اغراض سے جابجا ملک میں قائم ہوئے اور اس طرح وہ زمانہ قریب آگیا کہ یورپ اسلام کے متعلق خود

اسلام کی زبان سے کچھ سن سکا۔

اس دَور کی پہلی خصوصیت یہ ہے کہ سنے سنائے عامیانہ خیالات کے بجائے کسی قدر تاریخ اسلام اور سیرت النبی ﷺ کی بنیاد عربی زبان کی تصایف پر قائم کی گئی۔ گو موقع بہ موقع سابقہ بے بنیاد معلومات کا نمک مرچ بھی شامل کر دیا گیا۔ اس عہد میں عربی زبان کی تاریخی تصنیفات کا ترجمہ ہوا، مگر یہ عجیب بات ہے کہ شعوری یا غیر شعوری طور پر ان مستشرقین نے جن عربی تاریخوں کا ترجمہ کیا وہ اکثر ان عیسائی مصنفین کی تصنیفات تھیں جو اسلامی ممالک کے باشندے تھے۔ اِس ضمن میں ارپی نیوس مار گولیتھ ایڈورڈ پوکاک اور ہاٹنجر کے نام قابل ذکر ہیں۔

اٹھارویں صدی عیسوی کے آخر میں جب یورپ کی سیاسی قوت اسلامی ممالک میں پھیلنی شروع ہوئی تو مستشرقین کی ایک کثیر التعداد جماعت عالم وجود میں آئی۔ انہوں نے حکومت کے اشارہ سے السنۂ شرقیہ کے مدارس کھولے، مشرقی کتب خانوں کی بناڈالی، ایشیاٹک سوسائیٹیاں قائم کی گئیں اور تصنیفات کی طبع واشاعت کا سلسلہ شروع ہوا۔

ان مدارس اور سوسائٹیوں کی تقلید سے تمام ممالک یورپ میں اس قسم کی درس گاہیں اور انجمنیں قائم ہو گئیں۔ ہر یونیورسٹی میں عربی زبان کے پروفیسروں اور کتب خانوں کا وجود لازمی سمجھا جانے لگا۔ مسلمانوں کے ہاں عربی زبان میں سیرت ومغازی کی جو کتابیں محفوظ تھیں ان میں سے اکثر اٹھارویں صدی کے اواخر سے لے کر انیسویں صدی کے اختتام تک یورپ میں چھپ گئیں۔ اور ان میں سے بہت سی کتب کا ترجمہ یورپین زبانوں میں شائع ہو گیا۔

ان اصل عربی تصنیفات اور ان کے تراجم کی اشاعت نیز اسلامی ممالک ویورپ کے تعلقات اور آزادانہ تحقیقات کے ذوق وشوق نے یورپ میں تاریخ اسلام اور سیرتِ نبوی

کے مصنفین کی ایک کھیپ پیدا کر دی۔ سیرت النبی ﷺ پر لکھنے والوں کی کثرتِ تعداد کا ذِکر آکسفورڈ یونیورسٹی کے مشہور عربی دان پروفیسر مار گولیتھ نے اپنی کتاب "محمدؐ" میں اِس طرح کیا ہے۔

"محمدؐ کے سیرت نگاروں کا ایک وسیع سلسلہ ہے جن کا ختم ہونا غیر ممکن ہے، لیکن اس میں جگہ پانا قابل فخر چیز ہے۔"

مستشرقین کی اقسام:

مستشرقین کے نام اور ان کا کام اس قدر وسیع الذیل ہے کہ اس کی تفصیلات ذکر کر کے میں آپ کو پریشان نہیں کرنا چاہتا، البتہ یہ عرض کروں گا کہ ان کی تین بڑی قسمیں ہیں:

ا. جو عربی زبان اور اصل ماخذوں سے آشنا نہیں۔ ان لوگوں کا علمی سرمایہ اوروں کی تصانیف و تراجم ہیں۔ ان کا کارنامہ صرف یہ ہے کہ اس مشکوک اور ناقص مواد کو قیاس آرائی کے قالب میں ڈھال کر دکھائیں۔ مثال کے طور پر مشہور مؤرخ گبن کا نام اس ضمن میں پیش کیا جاسکتا ہے۔

۲. دوسری قسم کے وہ لوگ ہیں جو عربی زبان و ادب اور تاریخ و فلسفۂ اسلام کے بہت بڑے ماہر ہیں، لیکن سیرت کے فن سے بے گانہ ہیں۔ ان لوگوں نے سیرت یا دین اسلام پر کوئی مستقل تصنیف نہیں لکھی، لیکن ضمنی موقعوں پر عربی دانی کے زعم میں اسلام اور نبی کریم ﷺ کے متعلق نہایت بے باکی سے جو چاہتے ہیں لکھ جاتے ہیں۔ مثلاً جرمن کا مشہور مستشرق ساخو جس نے طبقات ابن سعد شائع کی ہے۔ اس کی عربی دانی سے انکار نہیں کیا جاسکتا، علامہ بیروی کی کتاب "الہند" کا دیباچہ اس نے جس تحقیق سے لکھا ہے رشک کے قابل ہے، لیکن اسی دیباچہ میں اسلامی امور کے متعلق اس نے ایسی

باتیں لکھی ہیں جن کو پڑھ کر بھول جانا پڑتا ہے کہ یہ وہی شخص ہے جس نے یہ کارنامہ انجام دیا تھا۔ جرمنی کے مشہور مستشرق نولایکی نے قرآن مجید کا خاص مطالعہ کیا ہے، لیکن انسائیکلوپیڈیا جلد ۱۶ میں قرآن پر اس کا جو آرٹیکل ہے نہ صرف اس کے تعصب بلکہ اس کی جہالت کے رازِ پنہاں کی بھی پردہ دری کرتا ہے۔

۳. تیسری قسم کے وہ مستشرقین ہیں جنہوں نے اسلامی ادب کا کافی مطالعہ کیا ہے، مثلاً پاریامار گولیتھ مگر علم وفضل کے باوصف ان کا یہ حال ہے کہ:

دیکھتا سب کچھ ہوں لیکن سوجھتا کچھ بھی نہیں

مار گولیتھ نے مسند امام احمدؒ بن حنبل کا ایک ایک حرف پڑھا ہے۔ شاید کسی مسلمان کو بھی اس وصف میں اس کی ہمسری کا دعویٰ نہیں ہو سکتا، لیکن اس نے آنحضرت ﷺ کی سیرت پر جو کتاب لکھی ہے دنیا کی تاریخ میں اس سے زیادہ کوئی کتاب کذب و افتراء اور تاویل و تعصب کی مثال کے لئے پیش نہیں کر سکتی، اس کا اگر کوئی کمال ہے تو یہ ہے کہ سادہ سے سادہ اور معمولی سے معمولی واقعہ کو جس میں برائی کا کوئی پہلو پیدا نہیں ہو سکتا، صرف اپنی ذہانت کے زور سے بد منظر بنا دیتا ہے۔

ڈاکٹر اسپرنگ جرمنی کے مشہور عربی دان ہیں۔ کئی سال مدرسہ عالیہ کلکتہ کے پرنسپل رہے حافظ ابن حجر کی کتاب "الإصابة فی تمییز الصحابة" بعد از تصحیح ان ہی نے شائع کی۔ لیکن جب آنحضرت ﷺ کی سیرت پر ایک ضخیم کتاب ۳ جلدوں میں لکھی تو ہر قاری حیران رہ گیا۔

مستشرقین کا نقد و جرح:

یورپین مصنفین نے مذہبی و سیاسی تعصب کی بنا پر سرور کائنات ﷺ کے اخلاقِ کریمانہ پر جو نکتہ چینی کی ہے اس کے اہم نکات حسب ذیل ہیں۔

۱. آنحضرت ﷺ نے مکہ معظمہ میں ایک پیغمبر کی حیثیت سے زندگی بسر کی مگر جونہی مدینہ پہنچ کر برسرِ اقتدار ہوئے پیغمبری یکا یک بادشاہی سے بدل گئی۔ اس کے نتیجہ میں بادشاہی کے لوازم یعنی لشکر کشی، قتل، انتقام، خون ریزی خود بخود پیدا ہو گئے۔

۲. کثرتِ ازواج اور عورتوں کی جانب رجحان و میلان

۳. اشاعت اسلام بزدر شمشیر

۴. لونڈی غلام بنانے کی اجازت اور اس پر عمل

۵. دنیاداروں کی سی حکمت عملی اور بہانہ جوئی (سیرۃ النبی شبلی جلد اوّل)

یورپین مصنفین نے زبان و قلم کے جو نشتر چلائے ان کی تندی و تیزی جناب رسالت مآب ﷺ کی ذاتِ گرامی تک ہی محدود نہیں رہی، بلکہ انہوں نے کتابِ الٰہی کو آنحضور ﷺ کی تصنیف قرار دے کر اس میں کیڑے نکالے، اس کی عبارت کو غیر مربوط اور غلط قرار دیا اس کے معانی و مطالب پر تنقید کی اور اسے ادنیٰ درجے کا عوامی کلام ٹھہرایا۔ اسی طرح انہوں نے دین اسلام پر جو حملے کئے ناقابل بیان ہیں۔

حضرات! مستشرقین کی عنایات دین اسلام قرآن کریم اور جناب رسالت مآب ﷺ پر اس قدر زیادہ ہیں کہ

سفینہ چاہئے اس بحرِ بیکراں کے لئے

میں اپنے اندر یہ جرأت نہیں پاتا کہ مستشرقین کی ہرزہ سرائی پر مشتمل اقتباسات پیش کر کے اپنی زبان کو آلودہ اور آپ کے احساسات کو مجروح کروں ورنہ میں ڈھیروں کتب آپ کے سامنے پیش کر کے مستشرقین کی دریدہ دینی کا ثبوت مہیا کر سکتا ہوں۔

یہی نہیں کہ احقر زمانۂ طلب علم سے مستشرقین کی نصانیف پڑھتا چلا آیا ہے، بلکہ بذاتِ خود مجھے بعض مستشرقین سے ملنے اور ان سے مبادلۂ افکار کرنے کا شرف بھی

حاصل ہے۔ ۱۹۸۵ء جنوری میں پنجاب یونیورسٹی نے لاہور میں ایک مجلس مذاکرہ عالمیہ منعقد کی تھی جس میں احقر نے علماء مصروشام کے ترجمان کی حیثیت سے شرکت کی تھی۔ اس دوران مجھے عصر حاضر کے عظیم مستشرق اور مورخ ہٹیؔ کے ساتھ کم از کم دو ہفتے گزارنے کا موقع ملا۔ پروفیسر ہٹی اگرچہ سکونت کے اعتبار سے امریکی ہیں مگر لبنانی الاصل ہیں اور عربی ان کی مادری زبان ہے، وہ عصر حاضر کے ان مستشرقین میں شمار ہوتے ہیں جو تعصب سے پاک ہیں۔

دوران ملاقات جب احقر نے موصوف کی کتب کے نشان زدہ مقامات پیش کئے جہاں انہوں نے بایں ہمہ اِدّعائے بے تعصبی اسلام اور شارع اسلام پر حملے کئے تھے تو اطمینان بخش جواب دینے کے بجائے چڑ گئے اور تاویلات کا سہارا لینے لگے۔ اسی طرح اٹلی کے مشہور مستشرق بوسانی کے انگریزی مقالہ کے عربی ترجمہ کے سلسلہ میں جب احقر نے ان سے مل کر مستشرقین کی اسلام دشمنی کے بارے میں سوال کیا تو انہوں نے جو جواب دیا، وہ اس اعتراف پر مبنی تھا کہ مستشرقین کی اکثریت اسی قسم کے لوگوں پر مشتمل ہے۔ اسی طرح مجھے انگلینڈ امریکہ فرانس اور جرمنی کے مستشرقین سے ملنے اور بالمشافہ گفتگو کرنے کے متعدد مواقع ہاتھ آئے اور اس بات کا عملی تجربہ حاصل ہوا کہ ان لوگوں کے دل میں اسلام اور شارع اسلام کے خلاف بغض وعناد کا ایک بحر اوقیانوس موج زن ہے۔

مستشرقین کی چابکدستی:

حیرت کی بات یہ ہے کہ مستشرقین کی نیش زنی اور قدر ڈھکی چھپی ہوتی ہے کہ ایک صاحب بصیرت شخص ہی کو اس کا احساس ہو سکتا ہے، گویا وہ شربت کے جام میں زہر گھول کر پیش کرتے ہیں۔

ستم ظریفی یہ ہے کہ یورپ کے مادّی علوم سے ناپختہ اذہان اس قدر مرعوب ہیں کہ انہوں نے دینی وروحانی علوم میں بھی یورپ کی بالادستی کو تسلیم کرلیا ہے۔

یورپ کی غلامی پہ رضامند ہوا تو مجھ کو تو گلہ تجھ سے ہے یورپ سے نہیں ہے

اسی کا نتیجہ ہے کہ ہمارے نو تعلیم یافتہ نوجوان دینی واسلامی علوم کو بھی یورپی فکر کی عینک لگا کر پڑھتے ہیں۔ ہمارے نوجوان فضلاء کو اتنی توفیق نہیں ہوتی کہ اسلامی علوم کا مطالعہ براہِ راست کتاب و سنت کے مآخذ سے کریں، بلکہ مستشرقین نے اپنی ناقص تحقیقات کی بناء پر تاریخ اسلام اور کتاب وسنت کے متعلق جو کچھ لکھ دیا ہے۔ اس کو حرفِ آخر سمجھ لیا جاتا ہے، گویا غزالیؒ، ابن تیمیہؒ، رازیؒ، شاہ ولی اللہؒ اور مجدد الف ثانیؒ کو نظر انداز کر کے مستشرقین کے خوانِ کرم کی زلہ ربائی ہمارے نوجوانوں ہی کے حصہ میں آئی ہے۔ اس احساس کمتری اور غلامانہ ذہنیت پر جس قدر ماتم کیا جائے کم ہے۔

خدا تجھے کسی طوفان سے آشنا کر دے
کہ تیرے بحر کی موجوں میں اضطراب نہیں

ان مستشرقین نے ایک طرف اسلام کے دینی افکار و اقدار کی تحقیر کا کام کیا اور مسیحی یورپ کے افکار و اقدار کی عظمت ثابت کی تاکہ تعلیم یافتہ طبقہ کا رابطہ اسلام سے کمزور پڑ جائے یا کم از کم یہ سمجھنے پر مجبور ہو کہ اسلام موجودہ زندگی کے مزاج کے ساتھ ہم آہنگ نہیں ہو سکتا۔ ایک طرف انہوں نے بدلتی ہوئی زندگی اور دورِ حاضر کی ارتقاء پذیری کا نام لے کر خدا کے آخری اور ابدی دین پر عمل کرنے کو روایت پرستی، رجعت پسندی اور دقیانوسیت کا مترادف قرار دیا۔ دوسری طرف ان پر ایسی تہذیب کو لا سوار کیا جس نے ان سے دینی حمیت وغیرت کا باقی ماندہ ورثہ بھی چھین لیا۔

یہ مستشرقین اپنے فلسفیانہ افکار کا لاؤ لشکر لے کر اسلامی دنیا پر حملہ آور ہوئے، وہ

فلسفلے جن کی خراش خراش بڑے بڑے فلاسفر اور یگانۂ روز اشخاص کی ذہنی کاوش کی رہین منت تھی۔ مستشرقین نے ان پر ایسا علمی اور فلسفیانہ رنگ چڑھایا کہ معلوم ہو یہ فکرِ انسانی کی معراج ہے، مطالعہ و تحقیق اور عقل انسانی کی پرواز اس پر ختم ہے اور غور و فکر کا یہ وہ نچوڑ ہے۔ جس کے بعد کچھ اور سوچا نہیں جاسکتا۔

حالانکہ ان فلسفوں میں کچھ چیزیں وہ تھیں جو تجربات و مشاہدات پر مبنی تھیں۔ اور اس لئے صحیح تھیں، اور بہت سی چیزیں وہ تھیں جو محض ظنّ و تخمین اور فرض و تخیل پر مبنی تھیں۔ گویا ان میں حق بھی تھا اور باطل بھی، علم بھی تھا اور جہل بھی۔ یہ فلسفے مغربی فاتحین کے جلو میں آئے اور مشرقی عقل و طبیعت نے فاتحین کے ساتھ ساتھ ان کی اطاعت بھی قبول کرلی۔ ان لوگوں میں وہ بھی تھے۔ جنہوں نے ان کو سمجھ کر قبول کیا، مگر وہ کم تھے۔ زیادہ تر وہ تھے جو ذرا بھی نہیں سمجھے تھے لیکن مومن اور مسحور سب کے سب تھے۔ ان فلسفوں پر ایمان لانا ہی عقل و خرد کا معیار بن گیا۔ اور اس کو روشن خیالی کا شعار سمجھا جانے لگا۔ مستشرقین کے زیر اثر یہ الحاد و ارتداد اسلامی ماحول میں بغیر کسی شورش اور کش مکش کے پھیل گیا۔ نہ باپ اس انقلاب پر چونکے، نہ اساتذہ اور مربیوں کو خبر ہوئی اور نہ غیرت ایمانی رکھنے والوں کو جنبش ہوئی۔ اس لئے کہ یہ ایک خاموش انقلاب تھا۔ اس الحاد وارتداد کو اختیار کرنے والے کسی کلیہ میں جاکر کھڑے ہوئے نہ کسی معبد میں داخل ہوئے، نہ کسی بت کے آگے انہوں نے ڈنڈوت کی اور نہ کسی استھان پر جا کر قربانی پیش کی۔ سابقہ اَدوار میں یہی سب علامات تھیں جن سے کفر وارتداد اور زندقہ کا علم ہوتا تھا۔

عزیزانِ محترم! یہ ہے فتنۂ استشراق کا تاریخی پس منظر اس کا سرسری تعارف اور مستشرقین کے کام کا معمولی جائزہ۔ اس فتنہ سے کماحقہ آگاہ و آشنا ہونے کے لئے دراصل

یہ نقطۂ آغاز اور ایک محرک ہے کہ اس جانب عنانِ توجہ موڑ کر دیکھئے کہ مستشرقین نے رسول کریم ﷺ، قرآن حکیم اور دین اسلام کو کس طرح ہدفِ تنقید بنایا ہے۔ اور جانچیئے کہ آیا آپ کے ذخیرۂ علم و فضل میں اس کا شافی جواب موجود بھی ہے یا نہیں۔

اصل موضوع زیر تبصرہ یہی تھا کہ مستشرقین کے وارد کردہ اعتراضات کا جواب دیا جائے مگر میرے نزدیک اصلی مبحث پر گفتگو اس پس منظر کے بغیر نہ موزوں تھی نہ مفید، میرے لئے اس قلیل فرصت میں ممکن نہیں کہ مستشرقین کے کسی اعتراض کو پیش کر کے اس کا تفصیلی جواب پیش کر سکوں۔ اس لئے اب صورتِ حال یہ ہے کہ اگر آپ کے قلب و ذہن کے کسی گوشے میں یہ جذبہ ابھرا ہے کہ آنحضور ﷺ کی پاکیزہ سیرت کو مستشرقین نے جس طرح داغدار کیا ہے، اس کی تفصیلات معلوم کریں اور پھر اس کے جواب کے درپے ہوں تو اس ضمن میں مطالعہ کی راہیں کھلی ہیں اور رہنمائی کے لئے میری خدمات حاضر ہیں۔ اس لئے کہ ہمارے علماء اس پہلو سے غافل نہیں رہے اور انہوں نے سیرتِ طیبہ کا پورا پورا دفاع کیا ہے۔ لطف کی بات یہ ہے کہ سیرت نبوی ﷺ سے دفاع کا فریضہ انہی لوگوں نے ادا کیا جو رجعت پسند کہلاتے ہیں۔ کسی "روشن خیال" کو آج تک یہ توفیق نہیں ہوئی۔

سامعین عظام! مستشرقین کی برکات کے طفیل دنیائے اسلام آج ایک دینی، فکری اور تہذیبی ارتداد میں مبتلا ہے۔ یہ مصیبت ان تمام لوگوں کے لئے ایک المیہ سے کم نہیں، جو اسلام کا درد رکھتے ہیں۔ آج ہر اسلامی ملک کے جدید تعلیم یافتہ طبقہ کا حال یہ ہے کہ اعتقاد و ایمان کا سرا ہاتھ سے چھوٹ چکا ہے۔ اخلاقی بندشیں وہ توڑ کر پھینک چکا ہے، شک و الحاد، نفاق و ارتیاب کا ایک طوفان ہے جو ہمارے دل و دماغ میں برپا ہے۔ غیبی حقائق پر اعتماد متزلزل ہو رہا ہے۔ سیاست و اقتصاد کے مادہ پرستانہ نظریات فروغ پا رہے

ہیں۔

اس کا واحد علاج یہ ہے کہ ہمارے نوجوان پورے اشتیاق و اخلاص کے ساتھ رسول ﷺ عربی فداہ ابی و امی کی پاکیزہ سیرت کا مطالعہ کریں اور آنحضور ﷺ کے اقوال و اعمال کو اپنے لئے اوڑھنا بچھونا بنائیں۔ اس طرح ان پر یہ حقیقت آشکار ہو گی کہ رسالت مآب کی حیات طیبہ پاکیزگی فکر و عمل اور بلندیٔ سیرت و کردار کا زندہ پیکر تھی۔ مگر یورپین مصنفین اپنے خبثِ باطن اور جذباتِ حقد و عناد کے باعث چمگادڑ کی طرح اس آفتاب درخشاں سے مستفید نہ ہو سکے اور ان کی آنکھیں اس کی تابانی و درخشانی کے سامنے خیرہ ہو کر رہ گئیں۔

گر نہ بیند بروز شپرہ چشم، چشمۂ آفتاب راچہ گناہ

خلاصہ یہ کہ عملی زندگی میں اتباعِ رسول کے بغیر ایمان و اسلام کا اِدعاء، ایک دعویٰ بلا دلیل ہے۔ اور ایک مومن کے لئے یہ متاعِ گراں بہا ہر دنیوی اثاثہ و سرمایہ سے عزیز تر ہے۔

بمصطفےٰ برساں خویش را کہ دین ہمہ اوست
اگر باد نرسیدی مام بُولہبی است

***

۹

حُبِّ رسول ﷺ اور اس کے عملی تقاضے

عطیہ انعام الٰہی

اس جہانِ رنگ و بو میں شیطان کے حملوں سے بچتے ہوئے شریعتِ الٰہیہ کے مطابق زندگی گزارنا ایک انتہائی دشوار امر ہے۔ مگر اللہ ربّ العزت نے اس کو ہمارے لئے یوں آسان بنا دیا کہ ایمان کی محبت کو ہمارے دلوں میں جاگزیں کر دیا۔ سورۃ الحجرات میں ارشادِ خداوندی ہے:

﴿وَلٰكِنَّ اللّٰهَ حَبَّبَ إِلَيكُمُ الإِيمٰنَ وَزَيَّنَهُ فِى قُلوبِكُم وَكَرَّهَ إِلَيكُمُ الكُفرَ وَالفُسوقَ وَالعِصيانَ ۚ أُولٰئِكَ هُمُ الرّٰشِدونَ ﴿٧﴾... سورة الحجرات

"اور لیکن اللہ تعالیٰ نے ایمان کو تمہارے لئے محبوب بنا دیا اور اس کو تمہارے دلوں میں سجا دیا اور کفر، فسق اور نافرمانی کو تمہارے لئے ناپسندیدہ بنا دیا۔ یہی لوگ بھلائی پانے والے ہیں۔"

اس آیت میں ایمان کی محبت میں حبِ الٰہی اور حبِ رسولؐ بھی شامل ہے۔

گویا حبِ رسولؐ انعامِ خداوندی ہے اور حبِ رسولؐ ہمارے ایمان کا صرف حصہ نہیں بلکہ عین ایمان ہے۔ حضرت انس بن مالکؓ سے روایت ہے کہ رسول اللہ ﷺ نے فرمایا:

"تم میں سے کوئی اس وقت تک مؤمن نہیں ہو سکتا جب تک کہ وہ اپنی اولاد، اپنے والدین اور باقی تمام لوگوں سے زیادہ مجھ سے محبت نہ کرتا ہو۔" (بخاری و مسلم)

سورۃ الاحزاب میں اللہ تعالیٰ نے فرمایا:

﴿النَّبِىُّ أَولىٰ بِالمُؤمِنينَ مِن أَنفُسِهِم...٦﴾... سورة الاحزاب

"نبی مؤمنوں کے لئے ان کی اپنی جانوں سے بھی زیادہ مقدم ہیں۔"

عبد اللہ بن ہشام روایت کرتے ہیں کہ "حضرت عمرؓ آنحضرتؐ سے کہنے لگے: آپؐ میرے لئے، میری جان کے علاوہ ہر چیز سے زیادہ محبوب ہیں۔ آپؐ نے فرمایا! اس ذات کی قسم جس کے ہاتھ میں میری جان ہے جب تک میں تمہارے نزدیک تمہاری جان سے بھی زیادہ محبوب نہ ہو جاؤں تم مؤمن نہیں ہو سکتے۔ سیدنا عمرؓ نے عرض کی: اللہ کی قسم! اب آپؐ میرے نزدیک میری جان سے بھی زیادہ عزیز ہیں تو آپؐ نے فرمایا: اَب، اے عمر! (یعنی اب تم صحیح مسلمان ہو) (فتح الباری: ۱/۵۹)

سورۂ توبہ، آیت نمبر ۲۴ میں ارشادِ الٰہی ہے:

﴿قُل إِن كانَ ءاباؤُكُم وَأَبناؤُكُم وَإِخوٰنُكُم وَأَزوٰجُكُم وَعَشيرَتُكُم وَأَموٰلٌ اقتَرَفتُموها وَتِجٰرَةٌ تَخشَونَ كَسادَها وَمَسٰكِنُ تَرضَونَها أَحَبَّ إِلَيكُم مِنَ اللَّهِ وَرَسولِهِ وَجِهادٍ فى سَبيلِهِ فَتَرَبَّصوا حَتّىٰ يَأتِىَ اللَّهُ بِأَمرِهِ... ٢٤﴾... سورة التوبة

"(اے نبی! مسلمانوں سے) کہہ دیجئے! اگر تمہیں اپنے باپ، اپنے بیٹے، اپنے بھائی، اپنی بیویاں، اپنے کنبے والے اور وہ اَموال جو تم نے کمائے ہیں اور تجارت جس کے مندا پڑنے سے تم ڈرتے ہو اور تمہارے مکان جو تمہیں پسند ہیں۔: اللہ، اس کے رسولؐ اور اس کی راہ میں جہاد کرنے سے زیادہ محبوب ہیں تو انتظار کرو یہاں تک کہ اللہ اپنا حکم لے آئے۔"

اس آیت میں جن رشتوں کا ذکر کیا گیا ہے، ان سے انسان کو فطری لگاؤ ہوتا

ہے۔ اس لئے انہی چیزوں سے مؤمنوں کے ایمان کا امتحان لیا گیا ہے۔ اللہ تعالیٰ واضح فرما رہے ہیں کہ جب اللہ اور اس کے رسولؐ کی محبت، ماں باپ اور دیگر عزیز و اقارب سے زیادہ ہو تب ایمان کا دعویٰ صحیح ہو سکتا ہے۔ اگر یہ رشتہ دار اور کمائے ہوئے مال اور دنیا کی زمین و جائیداد اور تجارت اور پسندیدہ مکانات خدا اور رسولؐ اور جہاد فی سبیل اللہ سے زیادہ محبوب و مرغوب ہیں تو خدا کے عذاب کا سامنا کرنے کے لئے تیار رہنا چاہئے۔

محبت ایک فطری کشش کا نام ہے، ایک ایسا میلانِ نفس جو ہمیشہ پسندیدہ اور مرغوب چیزوں کی جانب ہوا کرتا ہے۔ یہ محبت اگر قرابت داری کی بنیاد پر ہو تو 'طبعی محبت' کہلاتی ہے اور اگر کسی کے جمال و کمال یا احسان کی وجہ سے ہو تو 'عقلی محبت' کہلاتی ہے اور اگر یہ محبت مذہب کے رشتے کی بنیاد پر ہو تو 'روحانی محبت' یا 'ایمان کی محبت' کہلاتی ہے۔

رسول اللہ ﷺ کے ساتھ 'محبتِ طبعی' بھی ہے جیسی اولاد کی محبت باپ سے ہوتی ہے کیونکہ آنحضور ﷺ اُمت کے روحانی باپ ہیں اور آپ کی ازواجِ مطہراتؓ 'روحانی مائیں' جیسا کہ سورۃ الاحزاب میں فرمایا گیا:

﴿وَأَزْوَاجُهُ أُمَّهَاتُهُمْ﴾

بعض شاذ قراءتوں میں هو أبوهم کا لفظ بھی آیا ہے کہ نبی کریمؐ تمہارے والد کی جگہ پر ہیں۔ تو جس طرح حقیقی باپ سے محبت طبعی ہے اسی طرح آپؐ سے محبت ایک مسلمان کے لئے بالکل فطری امر ہے۔

نبی کریمؐ کا ظاہری و باطنی کمال و جمال

محبت کے اسباب میں سے ایک سبب کمال بھی ہے اور جمال بھی، خواہ ظاہری ہو یا باطنی۔ آپ کا کمال و جمال ظاہری بھی تھا اور باطنی بھی۔ شکل و صورت میں بھی آپ سب

سے حسین تھے، جیسا کہ حضرت جابرؓ فرماتے ہیں :

«"کان مثل الشمس والقمر» (مسنداحمد:۱۰۴/۵)

آپ کا چہرہ آفتاب و ماہتاب جیسا تھا۔"

ربیع بنت معوذ آپؐ کے بارے میں فرماتی ہیں:

«لورأیت الشمس طالعة» (مجمع الزوائد:۲۸۰/۸)

اگر تم رسول اللہؐ کو دیکھتے تو ایسے سمجھتے جیسے سورج نکل رہا ہے۔"

آپؐ کے باطنی جمال و کمال کا کیا کہنا، آپؐ کو اللہ تعالیٰ نے خاتم النّبیینؐ، سید المرسلین، امام الاوّلین والآخرین اور رحمتہ للعالمین بنایا۔ آپؐ کے احسانات اُمت پر بے حد وحساب ہیں بلکہ آپؐ محسن انسانیت ہیں۔ صاحبِ جمال و کمال کے ساتھ محبت رکھنا اور محبت کا ہونا بھی لازمی امر ہے۔ حضرت خدیجتہ الکبریٰؓ آپؐ کے پاکیزہ اخلاق کے بارے میں فرماتی ہیں:

(پہلی وحی کے موقعہ پر آپ کی دلجوئی کرتے ہوئے فرمایا) "آپؐ قرابت داروں سے سلوک کرنے والے، درماندوں اور بے کسوں کو سواری دینے والے، ناداروں کو سرمایہ دینے والے، مہمانوں کی خدمت کرنے والے اور مصیبت زدگان کی اعانت کرنے والے ہیں۔" (بخاری: کتاب بدء الوحی حدیث، رقم:۳)

تاریخ میں بہت سے لوگ اپنے کمالات کی وجہ سے مشہور ہوئے۔ حاتم طائی، اپنی سخاوت؛ نوشیرواں اپنے عدل وانصاف؛ سقراط وبقراط وافلاطون، اپنی دانائی وحکمت کی بنا پر مرجع خلائق اور لائق محبت تھے۔ مگر آپؐ کے جملہ کمالات ان سب سے کئی گنا بڑھ کر تھے، حتیٰ کہ تمام انبیا میں جو جو خوبیاں تھیں، وہ تنہا آنحضور صَلَّى اللّٰهُ عَلَيْهِ وَسَلَّم کی ذاتِ اقدس میں تھیں۔ بقولِ شاعر

حسن یوسف، دم عیسیٰ، ید بیضا داری
آنچہ خوباں ہمہ دارند، تو تنہا داری !

حب رسولؐ کے تقاضے

رسول اللہ ﷺ کے ساتھ سچی محبت کے کچھ بدیہی تقاضے ہیں، جن میں سے کچھ تو ایسے اُمور ہیں جنہیں بجالانا ضروری ہے اور کچھ ایسے جن سے اجتناب ضروری ہے۔ ذیل میں ہم ان سب تقاضوں کو تفصیل سے بیان کرتے ہیں :

۱. احترام و تعظیم رسولؐ

ع "ادب پہلا قرینہ ہے محبت کے قرینوں میں۔"

حب رسولؐ کا لازمی اور اہم تقاضا احترامِ رسولؐ ہے۔ یہ تو ایسی بارگاہ ہے جہاں حکم عدولی کی تو کیا گنجائش ہوتی، یہاں اونچی آواز سے بولنا بھی غارت گرِ ایمان ہے۔ سورۃ الحجرات کی ابتدائی چار آیات میں آنحضور ﷺ کے ادب و احترام کے مختلف پہلو واضح فرمائے گئے ہیں :

"اے ایمان والو! اللہ تعالیٰ اور اس کے رسولؐ سے پیش قدمی نہ کرو اور اللہ سے ڈرتے رہو، بلاشبہ اللہ تعالیٰ سب کچھ جانتا ہے۔ اے ایمان والو! اپنی آوازیں نبی کی آواز سے بلند نہ کرو اور نہ ہی ان کے سامنے اس طرح اونچی آواز سے بولو جیسے تم ایک دوسرے سے بولتے ہو۔ ایسا نہ ہو کہ تمہارے اعمال برباد ہو جائیں اور تمہیں اس کی خبر بھی نہ ہو۔ بلاشبہ جو لوگ رسول اللہ ﷺ کے حضور اپنی آوازیں پست رکھتے ہیں، یہی لوگ ہیں جن کے دلوں کو اللہ نے تقویٰ کے لئے جانچ لیا ہے، ان کے لئے بخشش اور اجر عظیم ہے۔ اے نبیؐ! جو لوگ آپ کو حجروں کے باہر سے پکارتے ہیں، ان میں سے اکثر بے عقل ہیں۔ اگر یہ لوگ صبر کرتے تا آنکہ آپ ان کی طرف خود نکلتے تو یہ ان کے حق

میں بہتر تھا اور اللہ بخشنے والا رحم فرمانے والا ہے۔" (الحجرات: ۱ تا ۴)

ان آیات کے نزول کے بعد ایک صحابی ثابت بن قیسؓ جن کی آواز قدرتی طور پر بلند تھی، ایمان ضائع ہو جانے کے ڈر سے گھر میں محصور ہو کر بیٹھ گئے۔ آپؐ نے ان کے بارے میں دریافت فرمایا اور جب آپؐ کو اصل صورتحال کا علم ہوا تو ان کو پیغام بھجوایا کہ "تم اہل دوزخ سے نہیں بلکہ اہل جنت سے ہو جب کہ اس سے پہلے صحابی سے اس بارے میں استفسار کیا گیا تو انہوں نے یہ جواب دیا تھا: "میرا بُرا حال ہے، میری آواز ہی آنحضور ﷺ سے بلند ہے، میرے تو اعمال اِکارت گئے اور میں تو اہل دوزخ سے ہو جاؤں گا۔" (بخاری: کتاب التفسیر؛ ۴۸۴۶)

صلح حدیبیہ کے موقع پر جب عروہ بن مسعودؓ مکہ والوں کی طرف سے سفیر بن کر آنحضور ﷺ کی خدمتِ اقدس میں حاضر ہوا تھا تو واپس جا کر اپنا چشم دید واقعہ بیان کیا جیسا کہ صحیح بخاری شریف میں ہے۔ عروہ اپنے ساتھیوں کی طرف لوٹ کر گیا اور کہنے لگا کہ:

"بھائیو! میں تو بادشاہوں کے پاس بھی پہنچ چکا ہوں۔ خدا کی قسم! اس نے کسی بادشاہ کو ایسا نہیں دیکھا کہ لوگ اس کی ایسی تعظیم کرتے ہوں جیسے محمدؐ کی تعظیم ان کے اصحاب کرتے ہیں۔ خدا کی قسم! اگر وہ تھوکتے ہیں تو ان کا تھوک کسی نہ کسی صحابی کے ہاتھ پر گرتا ہے اور وہ اپنے منہ اور جسم پر تبرکاً اس کو مل لیتا ہے۔ وہ جب کوئی حکم دیتے ہیں تو سب لپک کر ان کے حکم کو بجالاتے ہیں، وضو کرتے ہیں تو اس کا پانی ان کے لئے باعث برکت ٹھہرتا ہے اور اس کو لینے کے لئے چھینا جھپٹی کرتے ہیں۔ وہ بولتے ہیں تو ان کے ساتھیوں کی آوازیں پست ہو جاتی ہیں۔ وہ ان کی طرف گھور گھور کر، آنکھ بھر کر نہیں دیکھتے۔" (بخاری: ۲۷۳۲، ۲۷۳۱)

دربارِ نبوت میں حاضری صحابہ کرامؓ کے لئے خاص تقریب کا موقع ہوتا، صاف

ستھرے کپڑے زیب تن کرتے، بغیر طہارت کے آپ کی خدمت میں حاضر ہونا اور مصافحہ کرنا گوارانہ ہوتا، راستے میں کبھی ساتھ ہو جاتا تو اپنی سواری کو آنحضور ﷺ کی سواری سے آگے نہ بڑھنے دیتے۔ غایتِ ادب کی بنا پر کسی بھی بات میں مسابقت گوارانہ تھی۔ دستر خوان پر ہوتے تو جب آپ کھانا شروع نہ فرماتے کوئی کھانے میں ہاتھ نہ ڈالتا۔ اگر آپ مکان کے نچلے حصے میں قیام پذیر ہوتے تو یہ خیال کہ وہ رسول اللہ ﷺ کے اوپر چل پھر رہے ہیں، انہیں ایک کونے میں اپنے آپ کو قید کرنے کے لئے کافی ہوتا۔

یہ تو تھا آپؐ کی زندگی میں صحابہ کرامؓ کا معمول مگر آپؐ کی وفات کے بعد ہم لوگوں کے لئے آپؐ کی عزت و تکریم کا طریقہ یہ ہے کہ ہم آپؐ سے صدقِ دل سے محبت کریں، آپؐ کے فرمودات پر عمل کریں، اپنی زندگی میں آپؐ کو واقعی اپنے لئے اُسوۂ حسنہ سمجھیں۔ جب حدیث پڑھی جارہی ہو یا سننے کا موقع ہو تو چلانا، شور مچانا منع ہے۔ حدیث کی تعظیم رسول اللہ ﷺ کی تعظیم ہے۔

۲. حبِ رسولؐ کا حقیقی معیار... اطاعتِ رسولؐ

حبِ رسولؐ کا سب سے اہم تقاضا اطاعتِ رسولؐ ہے جیسا کہ مندرجہ ذیل روایات سے ثابت ہوتا ہے:

۱. ایک صحابیؓ خدمتِ اقدس میں حاضر ہوئے اور عرض کی:

" یارسول اللہؐ! میں آپ کو اپنی جان و مال، اہل و عیال سے زیادہ محبوب رکھتا ہوں، جب میں اپنے گھر میں اپنے اہل و عیال کے ساتھ ہوتا ہوں اور شوقِ زیارت بے قرار کرتا ہے تو دوڑا دوڑا آپؐ کے پاس آتا ہوں، آپؐ کا دیدار کر کے سکون حاصل کر لیتا ہوں۔ لیکن جب میں اپنی اور آپ کی موت کو یاد کرتا ہوں تو سوچتا ہوں کہ آپ تو انبیا کے ساتھ اعلیٰ ترین درجات میں ہوں گے، میں جنت میں گیا بھی تو آپ تک نہ پہنچ سکوں

گا اور آپ کے دیدار سے محروم رہوں گا۔ (یہ سوچ کر) بے چین ہو جاتا ہوں اس پر اللہ تعالیٰ نے سورۃ النساء کی یہ آیت نازل فرمائی:

﴿وَمَن يُطِعِ اللَّهَ وَالرَّسولَ فَأُولٰئِكَ مَعَ الَّذينَ أَنعَمَ اللَّهُ عَلَيهِم مِنَ النَّبِيّـنَ وَالصِّدّيقينَ وَالشُّهَداءِ وَالصّٰلِحينَ ۚ وَحَسُنَ أُولٰئِكَ رَفيقًا ٦٩﴾... سورة النساء

"اور جو لوگ اللہ اور رسولؐ کی اطاعت کریں گے، وہ ان لوگوں کے ساتھ ہوں گے جن پر اللہ تعالیٰ نے انعام فرمایا ہے یعنی انبیا، صدیقین، شہدا اور صالحین، کیسے اچھے ہیں یہ رفیق جو کسی کو میسر آئیں۔" (المصباح المنیر فی تہذیب تفسیر ابن کثیر: ص ۲۴۳)

صحابی کے اظہارِ محبت کے جواب میں اللہ نے یہ آیت نازل کر کے واضح فرما دیا کہ اگر تم حبِ رسولؐ میں سچے ہو اور آنحضورؐ کی رفاقت حاصل کرنا چاہتے ہو تو رسولِ اکرم ﷺ کی اطاعت و فرمانبرداری اختیار کرو۔

۲. حضرت ربیعہؓ بن کعب اسلمی روایت کرتے ہیں کہ:

"(ایک روز) نبی علیہ الصلوٰۃ والسلام نے مجھے مخاطب کر کے فرمایا: مانگ لو (جو مانگنا چاہتے ہو)۔ میں نے عرض کیا: "جنت میں آپ کی رفاقت کا طلب گار ہوں۔" آپ نے فرمایا "کچھ اس کے علاوہ بھی؟" میں نے عرض کیا "بس یہی مطلوب ہے۔" تو آپؐ نے فرمایا "تو پھر اپنے مطلب کے حصول کیلئے کثرتِ سجود سے میری مدد کرو۔" (یعنی میرے دعا کرنے کے ساتھ تم نوافل کا بھی اہتمام کرو تو اللہ تعالیٰ میری دعا قبول فرمائے گا)۔
(صحیح ابو داود: ۱۱۸۲)

گویا آپؐ نے واضح فرما دیا کہ اگر میری محبت میں میری رفاقت چاہتے ہو تو عمل کرو۔ یہی حبِ رسولؐ ہے اور معیتِ رسولؐ حاصل کرنے کا ذریعہ بھی۔

۳. حضرت عبداللہ بن مغفلؓ بیان کرتے ہیں کہ ایک شخص نے رسولِ اکرمؐ کی

خدمت میں عرض کیا کہ

"یارسول اللہ ﷺ! مجھے آپؐ سے محبت ہے۔ آپؐ نے فرمایا جو کچھ کہہ رہے ہو، سوچ سمجھ کر کہو۔ تو اس نے تین دفعہ کہا، خدا کی قسم مجھے آپؐ سے محبت ہے۔ آپؐ نے فرمایا کہ اگر مجھے محبوب رکھتے ہو تو پھر فقر و فاقہ کے لئے تیار ہو جاؤ (کہ میرا طریق امیری نہیں، فقیری ہے) کیونکہ جو مجھ سے محبت کرتا ہے فقر و فاقہ اس کی طرف اس سے زیادہ تیزی سے آتا ہے جیسی تیزی سے پانی بلندی سے نشیب کی طرف بہتا ہے۔" (ترمذی؛۲۳۵۰)

گویا جس کے دل میں حبِ رسولؐ ہے، اسے چاہئے کہ آنحضور ﷺ کی سنت کی پیروی میں اپنے اندر سادگی، صبر و تحمل، قناعت اور رضا بالقضا کی صفات پیدا کرنے کی سعی کرتا رہے۔

۴. فرمانِ رسول اللہ علیہ الصلوٰۃ والسلام ہے:

"من أحب سنتي فقد أحبني ومن أحبني كان معي في الجنة"

"جس نے میری سنت سے محبت کی، اس نے مجھ سے محبت کی اور جس نے مجھ سے محبت کی، وہ جنت میں میرے ساتھ ہو گا۔" (تاریخ ابن عساکر:۳/۱۴۵)

۵. فرمانِ رسول اللہ علیہ والصلوٰۃ والسلام ہے:

"لا يؤمن أحدكم حتى يكون هواه تبعا لما جئت به"

"تم میں سے کوئی شخص اس وقت تک مؤمن نہیں ہو سکتا جب تک کہ اپنی خواہشات کو میری لائی ہوئی شریعت کے تابع نہ کر دے۔" (مشکوٰۃ للالبانی:۱۶۷)

یعنی کافر اور مؤمن میں تمیز ہی یہی ہے کہ جو اللہ کے رسولؐ کی تابعداری کرے گا وہ مؤمن ہو گا اور جو رسول اللہ ﷺ کی اطاعت نہ کرے گا، وہ کافر ہو گا جیسا کہ

٦. حضرت ابوہریرہ فرماتے ہیں کہ رسول اللہ صَلَّى اللهُ عَلَيْهِ وَسَلَّم نے فرمایا: كل أمتي يدخلون الجنة إلا من أبٰى قالوا يارسول االله ! ومن يابى قال: من أطاعني دخل الجنة ومن عصاني فقد ابٰى(بخاری؛۷۲۸۰)

"میری اُمت کا ہر شخص جنت میں داخل ہو گا، سوائے اس کے جس نے انکار کیا۔ صحابہؓ نے پوچھا: اے اللہ کے رسولؐ وہ کون شخص ہے جس نے (جنت میں جانے سے) انکار کیا؟ آپؐ نے فرمایا: جس نے میری اطاعت کی، وہ جنت میں داخل ہو گا اور جس نے میری نافرمانی کی، اس نے انکار کیا۔"

قرآنِ مجید میں بھی اللہ تعالیٰ نے بار بار یہ بات ہمیں سمجھائی ہے۔ مثلاً

١. سورۃ النساء میں فرمایا:

﴿وَما اَرسَلنا مِن رَسولٍ إِلّا لِيُطاعَ بِإِذنِ اللَّهِ...﴿٦٤﴾... سورة النساء

"ہم نے رسول بھیجے ہی اس لئے ہیں کہ اللہ کے حکم سے ان کی اطاعت کی جائے۔"

٢. سورۃ النساء میں فرمایا:

﴿مَن يُطِعِ الرَّسولَ فَقَد اَطاعَ اللَّهَ...﴿٨٠﴾... سورة النساء

"جس نے رسولؐ کی اطاعت کی دراصل اس نے اللہ کی اطاعت کی۔"

٣. سورۃ الاحزاب میں فرمایا:

﴿لَقَد كانَ لَكُم فى رَسولِ اللَّهِ اُسوَةٌ حَسَنَةٌ لِمَن كانَ يَرجُوا اللَّهَ وَاليَومَ الءاخِرَ...﴿٢١﴾... سورة الاحزاب

"تم میں سے جو کوئی اللہ سے ملاقات اور آخرت کے دن پر ایمان رکھتا ہے، اس کے لئے رسول اللہؐ کی ذات والاصفات میں اچھا نمونہ ہے۔"

صحابہ کرام رضی اللہ عنہم کی زندگیوں پر نظر ڈالیں تو آنکھیں کھل جاتی ہیں کہ کیسے انہوں نے حبِ رسولؐ کا حق ادا کیا۔ آپ علیہ الصلوٰۃ والسلام کی زندگی کا کوئی گوشہ ایسا نہ تھا جسے انہوں نے غور سے نہ دیکھا ہو اور پھر اپنے آپ کو اس کے مطابق ڈھال نہ لیا ہو۔

قاضی عیاضؒ اپنی کتاب 'الشفائ' میں فرماتے ہیں:

فقال سفیان المحبۃ اتباع رسول االلہ ﷺ

"سفیان ثوری (تابعی) نے فرمایا کہ حبِ رسولؐ کا مطلب درحقیقت اتباعِ رسول اللہ ﷺ ہے۔"

بے شمار آیاتِ قرآنی اور احادیثِ رسولؐ کی روشنی میں یہ بات بالکل واضح ہے کہ حب رسول ﷺ کا تقاضا یہ ہے کہ زندگی کے تمام معاملات میں قدم قدم پر آپ کی اطاعت کی جائے۔ وہ محبت جو سنت رسول اللہ ﷺ پر عمل کرنا نہ سکھائے محض دھوکہ اور فریب ہے۔ وہ محبت جو رسول اکرم ﷺ کی اطاعت و پیروی نہ سکھائے محض لفاظی اور نفاق ہے۔ وہ محبت جو رسول اللہ ﷺ کی غلامی کے عملی آداب نہ سکھائے محض ریا اور دکھاوا ہے۔ وہ محبت جو سنتِ رسولؐ کے علم کو سربلند نہ کرے محض بولہبی ہے۔

بہ مصطفی برساں خویش را کہ دیں ہمہ اوست
اگر بہ او نہ رسیدی تمام بولہبی اوست

۳. قلبی محبت

تکمیل ایمان کے لئے رسول اللہ ﷺ کی صرف ظاہری اطاعت ہی نہیں بلکہ قلبی تسلیم ورضا بھی ضروری ہے۔ فرمانِ باری تعالیٰ ہے:

١. ﴿فَلا وَرَبِّكَ لا يُؤمِنونَ حَتّىٰ يُحَكِّموكَ فيما شَجَرَ بَينَهُم ثُمَّ لا يَجِدوا فى أَنفُسِهِم حَرَجًا مِمّا قَضَيتَ وَيُسَلِّموا تَسليمًا ﴿٦٥﴾... سورة النساء

"نہیں، تمہارے ربّ کی قسم یہ کبھی مؤمن نہیں ہوسکتے جب تک اپنے باہمی اختلافات میں آپ کو فیصلہ کرنے والا نہ مان لیں۔ پھر جو کچھ آپ فیصلہ کریں اس پر اپنے دلوں میں کوئی تنگی بھی محسوس نہ کریں بلکہ دل وجان سے اسے تسلیم کرلیں۔"

۲. حضرت حارث بن عبداللہ بن اوس کہتے ہیں کہ

"میں عمرؓ بن خطاب کے پاس حاضر ہوا اور پوچھا کہ اگر قربانی کے دن طوافِ

زیارت کرنے کے بعد عورت حائضہ ہو جائے تو کیا کرے؟ حضرت عمرؓ نے فرمایا: آخری عمل بیت اللہ کا طواف ہونا چاہیے۔ حارث نے کہا: رسول اللہ ﷺ نے بھی مجھے یہی فتویٰ دیا تھا۔ اس پر حضرت عمرؓ نے فرمایا: تیرے ہاتھ ٹوٹ جائیں تو نے مجھ سے ایسی بات پوچھی جو رسول اللہ ﷺ سے پوچھ چکا تھا، تاکہ میں رسول اللہ ﷺ کے خلاف فیصلہ کروں۔" (صحیح ابوداود: ۱۷۶۰)

سنت کا علم ہونے کے باوجود مسئلہ دریافت کرنے پر حضرت عمرؓ کی ناراضگی اس بنا پر تھی کہ رسول اللہ ﷺ کے فیصلے کو دلی رضامندی کے ساتھ کیوں نہیں تسلیم کیا۔ ایک اور حدیث ملاحظہ کریں۔ حضرت عروہ بن زبیر روایت کرتے ہیں کہ

۳. "میرے باپ زبیر اور ایک انصاری میں فرہ کے مقام پر پانی پر جھگڑا ہوا۔ آپؐ نے زبیر کو کہا کہ تم اپنے درختوں کو پانی لگالو۔ پھر اسے ہمسائے کے باغ میں جانے دو۔ یہ سن کر انصاری کہنے لگا: کیوں نہیں، آخر زبیر آپ کے پھوپھی زاد جو ہوئے (اس لئے آپ نے ان کے حق میں فیصلہ کیا ہے)... یہ سن کر آپ کا رنگ متغیر ہو گیا اور آپ نے زبیر کو کہا: زبیر! اپنے کھیت کو پانی پلاؤ جب تک پانی منڈیروں پر نہ پہنچ جائے، اس کے لئے پانی نہ چھوڑو۔" (بخاری: ۴۵۸۵)

یعنی جب انصاری نے آپ کے فیصلے کو تسلیم نہ کیا تو آپ کو غصہ آگیا تو آپ نے انصاف والا حکم جاری فرمایا۔ جب کہ آپ کے پہلے حکم میں دونوں کی رعایت ملحوظ تھی۔

۴. رسول اللہ ﷺ کے حکم کی موجودگی میں اپنی مرضی یا کسی دوسرے کے حکم پر عمل کرنے کی دین اسلام میں کوئی گنجائش نہیں۔ سورۃ الاحزاب میں فرمانِ خداوندی ہے:

﴿وَمَا كَانَ لِمُؤْمِنٍ وَلَا مُؤْمِنَةٍ إِذَا قَضَى اللَّهُ وَرَسُولُهُ أَمْرًا أَن يَكُونَ لَهُمُ الْخِيَرَةُ مِنْ أَمْرِهِمْ ۗ وَمَن يَعْصِ اللَّهَ وَرَسُولَهُ فَقَدْ ضَلَّ

ضَلٰلًا مُّبِينًا ﴿٣٦﴾... سورة الاحزاب

"کسی مؤمن مرد اور عورت کو یہ حق نہیں کہ جب اللہ اور اس کے رسول ﷺ کسی معاملے کا فیصلہ کر دیں تو ان کے اپنے معاملے میں اختیار باقی رہ جائے اور جو کوئی اللہ ورسولؐ کی نافرمانی کرے، وہ صریح گمراہی میں پڑ گیا۔"

۵. سورۃ الحشر، آیت نمبر ۷ میں ارشادِ الٰہی ہے:

﴿وَما ءاتىٰكُمُ الرَّسولُ فَخُذوهُ وَما نَهىٰكُم عَنهُ فَانتَهوا ۚ وَاتَّقُوا اللَّهَ ۖ إِنَّ اللَّهَ شَديدُ العِقابِ ٧﴾... سورة الحشر

"جو کچھ رسولؐ تمہیں دیں، وہ لے لو اور جس چیز سے تمہیں روک دیں، اس سے رک جاؤ اور اللہ سے ڈر جاؤ، وہ شدید عذاب دینے والا ہے۔"

گویا آپ کا حکم اور عمل ہی فیصلہ کن سند قرار پائے اور اس حکم کو ماننے یا نہ ماننے اور اس پر ناگواری کے احساس یا عدمِ احساس پر ہی آدمی کے مؤمن ہونے یا نہ ہونے کا انحصار ٹھہرا ہے۔ یہ ممکن ہی نہیں کہ مؤمن اللہ اور اس کے رسولؐ کے کئے گئے فیصلہ کے متعلق عدم اطمینان کا شائبہ تک دل میں لائے۔ آج کے مسلمانوں کو اپنا جائزہ لینا چاہئے کہ وہ حبِ رسولؐ کے اس تقاضے کو کس حد تک نباہتے ہیں؟

۴. اتباعِ رسول ﷺ

اتباع اور اطاعت کے معنی میں یہ فرق ہے کہ اطاعت کا مطلب دیے گئے حکم کی تعمیل کرنا ہے مگر اتباع کا مطلب پیروی کرنا ہے، چاہے اس کام کا باقاعدہ حکم دیا گیا ہو یا نہ دیا گیا ہو۔ گویا یہ مقامِ 'خلت' ہے، انتہائے محبت ہے کہ محبوب کی ہر ادا پر قربان ہونے کو جی چاہے۔

آپؐ کے صحابہ کرامؓ کو حضورؐ سے جو والہانہ محبت تھی اسی کا نتیجہ تھا کہ وہ ہر اس کام کو کرنے کی کوشش کرتے جو حضورؐ نے کیا ہوتا۔ ان کو وہی کھانا پسند ہوتا جو آپؐ کو پسند

ہوتا۔ جس مقام پر آپ تشریف فرما ہوتے یا نماز پڑھ لیتے، وہ جگہ بھی واجب الاحترام ہو جاتی اور اس مقام پر وہی عمل انجام دینا وہ اپنی سعادت جانتے، جیسا کہ درج ذیل روایات سے واضح ہوتا ہے:

ا. موسیٰ بن عقبہ بیان کرتے ہیں کہ میں نے سالم بن عبداللہ بن عمر کو دیکھا کہ وہ دورانِ سفر راستے میں بعض مقامات تلاش کرتے تھے اور وہاں نماز پڑھتے تھے کیونکہ انہوں نے اپنے والد عبداللہ کو اور انہوں نے اپنے والد عمر کو وہاں نماز پڑھتے دیکھا تھا اور عمرؓ وہاں اس لئے نماز پڑھتے تھے کہ انہوں نے آنحضور ﷺ کو وہاں نماز پڑھتے دیکھا تھا۔ (بخاری:۴۸۳)

۲. حضرت علی بن ابی طالبؓ سواری پر سوار ہوئے تو دعاے مسنون پڑھنے کے بعد مسکرانے لگے۔ کسی نے پوچھا: امیر المومنین! مسکرانے کی کیا وجہ ہے؟ آپؓ نے فرمایا کہ میں نے نبی اکرمؐ کو دیکھا تھا کہ آپؐ نے سواری پر سوار ہو کر اسی طرح دعا پڑھی، پھر آپؐ مسکرائے تھے۔ لہٰذا میں بھی حضورؐ کی اتباع میں مسکرایا ہوں۔ (ابوداود؛۲۶۰۲)

۳. حضرت انسؓ نے دیکھا کہ آنحضور علیہ الصلوٰۃ والسلام کو کدو پسند ہیں۔ تو وہ بھی کدو پسند کرنے لگے۔ (مسند احمد:۳/۱۷۷)

۴. ایک بار آپؐ نے سرکے کے بارے میں فرمایا کہ سرکہ تو اچھا سالن ہے تو حضرت جابرؓ کہتے ہیں کہ تب سے مجھے سرکے سے محبت ہو گئی ہے۔ (دارمی؛۲۱۸۱)

۵. ایک بار ایک صحابی کے ہاتھ میں سونے کی انگوٹھی آپ ﷺ نے دیکھی تو آپ نے اس کے ہاتھ سے اُتار کر دور پھینک دی گویا آپؐ نے اظہارِ ناراضگی کیا۔ آپؐ کے تشریف لے جانے پر کسی نے کہا کہ اس کو اُٹھالو اور بیچ کر فائدہ حاصل کرلو (کیونکہ حضور ﷺ نے صرف پہننے سے منع فرمایا تھا) مگر اس نے کہا خدا کی قسم! میں اسے کبھی

نہیں اٹھاؤں گا۔ کیونکہ رسول اللہ ﷺ نے اسے پھینک دیا ہے۔(مسلم:۲۰۹۰)

۶. مسجدِ نبوی میں خواتین بھی شریکِ جماعت ہوتیں مگر ان کے لئے کوئی دروازہ مخصوص نہ تھا۔ ایک روز آپؐ نے ایک دروازے کے بارے میں فرمایا: "کاش ہم یہ دروازہ عورتوں کے لئے چھوڑ دیتے۔" حضرت عبداللہ بن عمرؓ نے اس شدت سے آپ کی اس خواہش کی پابندی کی کہ پھر تادمِ مرگ اس دروازہ سے مسجد میں داخل نہ ہوئے۔

۷. کچھ صحابہ سے بیعت کی شرائط میں یہ نصیحت بھی فرمائی کہ "لوگوں سے کسی چیز کا سوال نہ کرنا۔" تو انہوں نے اس شدت سے اس کی پابندی کی کہ اگر اونٹنی پر سوار کہیں جارہے ہوتے اور ہاتھ سے لگام گر جاتی تو اونٹنی کو بٹھا کر خود اپنے ہاتھ سے اس کو اٹھاتے تھے اور کسی آنے جانے والے سے نہیں کہتے تھے کہ اٹھا کر دے دو۔ (مسند احمد:۵/۲۷۷)

'اتباع' کا مکمل مفہوم سمجھنے کے لئے اس مثال پر غور کریں:

کوئی گاڑی کسی گاڑی کے تعاقب میں ہے، اب پیچھے والی گاڑی آگے والی گاڑی پر مسلسل نظر رکھے ہوئے ہے۔ جہاں وہ تیز ہوگی، یہ بھی تیز ہوگی۔ جدھر وہ مڑے گی یہ بھی ادھر مڑے گی۔ جدھر وہ آہستہ ہوگی، یہ بھی آہستہ ہوجائے گی حتیٰ کہ جہاں وہ رک جائے گی پیچھے والی گاڑی بھی رک جائے گی۔ یہ اتباع ہے اور حبِ رسولؐ کا تقاضا صرف اطاعتِ رسولؐ ہی نہیں بلکہ اتباعِ رسولؐ ہے۔

یہ ہماری انتہائی کم نصیبی ہے کہ ہم نے حبِ رسولؐ کو محض میلاد کی محفل منعقد کرنے اور نعتِ رسولؐ بیان کرنے کی حد تک سمجھ لیا اور اطاعت و اتباع رسولؐ سے بالکل تہی دامن ہوگئے۔ اس وقت ضرورت اس بات کی ہے کہ ہم حضور پاکؐ کی حیاتِ طیبہ کا ہر پہلو غور سے پڑھیں، سیکھیں، اُسوۂ حسنہ پر عمل کا وہی جذبہ تازہ کریں جو قرونِ اولیٰ

میں تھا۔ انہوں نے سچے جذبے، پکے عزم اور خلوصِ نیت کے ساتھ حضور علیہ الصلوٰۃ والسلام کی پیروی اختیار کی تو قیصر و کسریٰ کے خزانے ان کے قدموں میں تھے۔

ائمہ کرام اور بزرگوں کی عقیدت میں غلو:

جس طرح اللہ تعالیٰ کی توحید اور ربوبیت میں کسی کو شریک ٹھہرانا ممنوع ہے، اسی طرح نبیؐ کی رسالت اور آپؐ کے واجب الاتباع ہونے میں کسی دوسرے انسان کو لانا درست نہیں۔ نبی کریم ﷺ کا ہی یہ مقام ہے کہ آپ معصوم ہیں اور غلطی سے اللہ تعالیٰ نے آپؐ کو بچا کر رکھا ہے۔ یہ حیثیت آپ کے کسی اُمتی کو حاصل نہیں۔ لیکن بعض لوگ ائمہ کرام کے احترام میں اس قدر غلو کرتے ہیں کہ وہ انہیں بھی نبی کی طرح معصوم سمجھنا شروع کر دیتے ہیں۔ نبی کریم کا صریح فرمان آنے کے باوجود وہ اپنے امام کی بات ماننے پر ہی مصر رہتے ہیں۔

ائمہ اربعہ یعنی امام مالک، ابو حنیفہ، شافعی اور احمد رحمہم اللہ عنہم کے مدوّن کردہ مسائل اور ان کے بیان کردہ احکامِ دین و شرع درحقیقت اللہ کی کتاب اور سنتِ رسولؐ سے ہی حاصل کردہ ہیں۔ اس وجہ سے ان ائمہ عظام کے بیان کردہ فقہ کے مسائل کو اپنانے اور ان پر عمل پیرا ہونے میں کوئی حرج نہیں۔ لیکن جب انہیں کوئی صریح نص یعنی کوئی آیت یا حدیثِ صحیح نہ مل سکے تو پھر یہ قیاس و استنباط کرتے ہیں۔ مگر ایسی صورت میں ان سب ائمہ نے اپنے اپنے شاگردوں پر واضح کر دیا کہ "جب حدیثِ رسولؐ مل جائے تو ہمارے اقوال کو چھوڑ دینا۔"

بڑی مناسب بات تھی جو انہوں نے فرمائی۔ مگر ان کے عقیدت مندوں نے ان کی عقیدت میں ان کے اَقوال کو تو نہ چھوڑا اور احادیثِ رسولؐ کو چھوڑ دیا۔ پھر اسی بنیاد پر اپنے الگ الگ مسلک بنا لئے۔ بے شک یہ سب فروعی مسائل ہیں جن کی بنیاد پر مسالک

وجود میں آئے، مگر اُمتِ محمدیہؐ میں تو گروہ بندی ہوگئی جس سے قرآن و حدیث نے شدت سے منع فرمایا تھا۔

ضرورت اس امر کی ہے کہ حبِ رسولؐ سے سرشار ہوکر اپنے نقطہ نظر میں لچک پیدا کی جائے اور حتی المقدور احادیثِ رسولؐ کو ہی اپنی زندگی کے تمام معاملات میں بنیاد بنایا جائے۔

آباء پرستی سے اجتناب:

اسی طرح اَن پڑھ اور جاہل عوام کی کثیر تعداد اپنے آباء و اجداد کی تقلید کو ہی اپنے لئے کافی سمجھتی ہے۔ حالانکہ حبِ رسولؐ کا تقاضا تو یہ تھا کہ آپؐ کے فرمان کے سامنے ہر کسی کی بات ہیچ ہو اور ہر ایسی خاندانی روایت اور معاشرتی چلن، جو کہ اسلام سے متصادم ہیں، چھوڑ دیئے جائیں اور سنتِ رسولؐ کو جاری و ساری کیا جائے۔

۱. سورۃ لقمان آیت نمبر ۲۱ میں ارشادِ خداوندی ہے:

"جب انہیں کہا جائے کہ جو اللہ نے نازل کیا ہے، اس کی اتباع کرو تو کہتے ہیں بلکہ ہم تو اس کی اتباع کریں گے جس پر ہم نے اپنے آباء کو پایا۔"

۲. سورۃ البقرہ آیت نمبر ۱۷۰ میں فرمایا:

"جب انہیں کہا جائے کہ اس کی اتباع کرو جو اللہ نے نازل کیا ہے، تو کہتے ہیں بلکہ ہم اسی طریقے کی اتباع کریں گے جس پر ہم نے اپنے آباء کو پایا۔ اگرچہ ان کے آباء نہ کچھ عقل رکھتے ہوں اور نہ ہدایت یافتہ ہوں۔"

۳. نیز ایسے لوگوں کے بارے میں سورۃ البقرہ کی آیت ۱۷۱ میں فرمایا:

"یہ گونگے بہرے اندھے لوگ ہیں۔ یہ جانوروں کا ریوڑ ہیں، ان کو کچھ عقل نہیں۔"

حبِ رسولؐ کی صداقت و سچائی کا معیار یہ ہے کہ سنتِ رسولؐ کے علاوہ ہر طریق کو چھوڑ دیا جائے۔ بعض لوگ ائمہ فقہاء کی تقلید میں غیر مسنون افعال انجام دیتے ہیں اور بعض اپنے آباء و اجداد کی لکیر کے فقیر بنے رہتے ہیں۔ سنت سے دوری کی کوئی بھی صورت ہو اس سے اجتناب بہر حال ضروری ہے۔

۵. درود... صلوٰۃ وسلام

حبِ رسولؐ کے اظہار و اثبات کے لئے لازم ہے کہ جب آنحضور علیہ الصلوٰۃ والسلام کا نام نامی پڑھنے، سننے یا بولنے میں آئے تو فوراً صلوٰۃ وسلام وردِ زبان ہو جائے۔ خود اللہ اور اس کے فرشتے بھی آنحضورؐ پر درود بھیجتے ہیں۔ سورۃ احزاب میں ارشاد ہے:

١. ﴿إِنَّ اللَّهَ وَمَلَـٰٓئِكَتَهُۥ يُصَلُّونَ عَلَى النَّبِيِّ ۚ يَـٰٓأَيُّهَا الَّذِينَ ءَامَنُوا صَلُّوا عَلَيْهِ وَسَلِّمُوا تَسْلِيمًا ﴿٥٦﴾... سورۃ الاحزاب

"بے شک اللہ اور اس کے فرشتے نبیؐ پر درود بھیجتے ہیں۔ اے ایمان والو! تم بھی آپؐ پر درود و سلام بھیجو۔"

ابو العالیہؒ نے کہا کہ "اللہ کی صلوٰۃ سے مراد یہ ہے کہ اللہ تعالیٰ فرشتوں کے سامنے آپ کی تعریف فرماتا ہے اور فرشتوں کی صلوٰۃ سے مراد ہے کہ وہ آپ کے حق میں اللہ سے دعا کرتے ہیں۔ ابن عباسؓ کہتے ہیں کہ یصلون کا معنی یہ ہے کہ برکت کی دعا کرتے ہیں۔" (بخاری، کتاب التفسیر: باب قولہ ان اللہ وملائکتہ یصلون علیٰ النبی)

۲. حضرت عمر بن خطاب فرماتے ہیں:

"جب تک تو اپنے نبیؐ پر درود نہ بھیجے، دعا زمین و آسمان کے درمیان معلق رہتی ہے، اوپر نہیں چڑھتی۔" (صحیح ترمذی للالبانی؛۴۰۳)

۳. حضرت علیؓ فرماتے ہیں کہ رسول اللہ ﷺ نے فرمایا:

"وہ شخص بڑا بخیل ہے جس کے پاس میرا ذکر ہوا اور اس نے مجھ پر درود نہ بھیجا۔"
(مسند احمد: ۱/۲۰۱)

۴. ایک بار منبر کی سیڑھیوں پر قدم رکھتے ہوئے تین بار آپؐ نے آمین آمین آمین کہا تو صحابہؓ کے استفسار پر آپؐ نے فرمایا:

"میرے پاس جبرائیلؑ آئے تھے۔ تین کاموں کے نہ کرنے والے پر انہوں نے اللہ کی لعنت بتائی تو میں نے اس پر آمین کہا۔ ان باتوں میں ایک بات یہ بھی تھی کہ جس مسلمان کے سامنے میرا نام لیا جائے اور وہ مجھ پر درود نہ پڑھے تو اس پر اللہ کی لعنت ہو۔ اور میں نے اس پر آمین کہا۔" (مستدرک حاکم: ۴/۱۵۳ و بخاری)

درود و سلام در حقیقت ایک دعاے رحمت و برکت ہے اور اس کی بنیاد یہ ہے کہ حضور علیہ الصلوٰۃ والسلام ہمارے سب سے بڑے محسن ہیں جن کے ذریعے ایمان و اسلام کی عظیم نعمت سے ہم سرفراز ہوئے۔ اس احسان کا بدلہ مسلمان کبھی بھی اُتار نہیں سکتے۔ تاہم اتنا ضرور ہونا چاہیئے کہ اس عظیم ہستی کی محبت سے سرشار ہو کر ان کے حق میں دعائے رحمت و برکت کیا کریں۔ مگر اللہ کی رحمت کی انتہا دیکھئے کہ اس عمل کو ہمارے لئے بھی انتہا درجہ باعث اجر و ثواب بنا دیا۔

۵. حضرت انسؓ بیان کرتے ہیں کہ رسول اللہ ﷺ نے فرمایا:

"جو شخص مجھ پر ایک مرتبہ درود پڑھے گا اللہ تعالیٰ اس پر دس رحمتیں نازل فرمائے گا اور اس کے دس گناہ معاف کر دیئے جائیں گے اور دس درجے بلند کئے جائیں گے۔"
(مجمع الزوائد: ۱۰/۱۶۱)

۶. حضرت عبداللہ بن مسعودؓ بیان کرتے ہیں، رسول اللہ ﷺ نے فرمایا کہ

"قیامت کے دن سب سے زیادہ میرے قریب وہ شخص ہو گا جو مجھ پر زیادہ سے

زیادہ درود پڑھنے والا ہو گا۔" (فتح الباری: ۱۱/ ۱۶۷)

درود شریف دراصل ایک مسلمان کا ترانۂ محبت ہے جو وہ اپنے محبوب ﷺ کے حضور پیش کرتا ہے اور نتیجے میں اپنے لئے بھی درجات کی بلندی اور گناہوں کی بخشش کی نوید حاصل کرتا ہے۔

آپؐ کے حضور درود کا نذرانہ پیش کرنے کے لئے یہ ضروری نہیں کہ کوئی محفل ہی برپا کی جائے یا کوئی خاص وقت ہی صرف کیا جائے بلکہ یہ چلتے پھرتے، اُٹھتے بیٹھتے اور خاص طور پر جب آپؐ کا نام کا تذکرہ ہو تو فوری 'صلی اللہ علیہ وسلم' کے مبارک الفاظ کے ساتھ یہ نذرانہ آپؐ کے حضور پیش کر دینا چاہئے کہ یہی حبِ رسولؐ کا تقاضا ہے۔

۶. صحابہ کرامؓ اور اہل بیتؓ کی محبت

حبِ رسولؐ کا تقاضا ہے کہ صحابہ کرامؓ اور آپ کے اہل بیت سے بھی محبت ہو۔ کیونکہ آپ ﷺ کو ان سے محبت تھی۔

۱. صحابہ کرامؓ کی فضیلت میں اللہ تعالیٰ نے فرمایا: ﴿وَالسّٰبِقونَ الاَوَّلونَ مِنَ المُهٰجِرينَ وَالاَنصارِ وَالَّذينَ اتَّبَعوهُم بِإِحسٰنٍ رَضِىَ اللَّهُ عَنهُم وَرَضوا عَنهُ...﴿١٠٠﴾... سورة التوبة

"اور جو مہاجر اور انصار سابق اور مقدم ہیں اور جتنے لوگ اخلاص کے ساتھ ان کے پیرو ہیں، اللہ ان سے راضی ہوا اور وہ اللہ سے راضی ہوئے۔"

۲. سورۃ الفتح میں صحابہ کرامؓ کی فضیلت ان الفاظ میں بیان کی گئی ہے:

﴿مُحَمَّدٌ رَسولُ اللَّهِ ۚ وَالَّذينَ مَعَهُ أَشِدّاءُ عَلَى الكُفّارِ رُحَماءُ بَينَهُم ۖ تَرىٰهُم رُكَّعًا سُجَّدًا يَبتَغونَ فَضلًا مِنَ اللَّهِ وَرِضوٰنًا...﴿٢٩﴾... سورة الفتح

"محمدؐ اللہ کے رسول ہیں، اور آپؐ کے ساتھی کفار پر سخت اور آپس میں نرم ہیں، آپؐ انہیں رکوع اور سجدے کی حالت میں دیکھیں گے۔ یہ اللہ کے فضل اور رضا کے

متلاشی ہیں "

۳. رسول اللہ ﷺ نے فرمایا:

"میرے ساتھیوں کے بارے میں اللہ تعالیٰ کا خوف کرو۔ میرے بعد انہیں نشانہ نہ بنانا، پس جو ان سے محبت کرے گا وہ میری محبت کی وجہ سے ان سے محبت کرتا ہے اور جو ان سے بغض رکھتا ہے، وہ میرے بغض کی وجہ سے ایسا کرتا ہے۔ جو انہیں ایذا دے گا اس نے مجھے ایذا دی۔ جس نے مجھے ایذا دی اس نے اللہ کو ایذا دی اور جس نے اللہ کو ایذا دی، اللہ تعالیٰ اس کو پکڑے گا۔" (مسند احمد: ۵/۵۴)

۴. حضرت فاطمہ الزہراؓ کے لئے آپؐ نے فرمایا:

"فاطمہؓ جنتی عورتوں کی سردار ہیں۔" (بخاری تعلیقا فی مناقب قرابۃ رسول اللہؐ و مسلم: ۶۲۶۴)

۵. حضرت حسنؓ، حسینؓ کے بارے میں فرمایا: "اللهم أحبهما، إني أحبهما" (بخاری: ۳۷۴۷)

"اے اللہ! ان سے محبت فرما! میں بھی ان سے محبت کرتا ہوں۔"

۶. رسول اللہ ﷺ کی ازواجِ مطہرات کی عزت و احترام بھی حبِ رسولؐ کا لازمی تقاضا ہے بلکہ عین منشائے قرآنی ہے۔ سورۃ الاحزاب آیت نمبر ۶ میں فرمایا:

﴿وَأَزْوَاجُهُ أُمَّهَاتُهُمْ﴾ "آپ کی ازواج مؤمنوں کی مائیں ہیں۔"

صحابہ کرامؓ اور اہل بیتؓ کے ساتھ عقیدت و محبت کے حوالے سے مسلم امہ میں افراط و تفریط پائی جاتی ہے اور اسی بنیاد پر اُمت کے دو بڑے فرقے وجود میں آگئے۔ اہل سنت اور اہل تشیع۔ اوّل الذکر اگرچہ دونوں کی محبت واحترام کے قائل ہیں، مگر تعصب کی بنا پر اہل تشیع یہ کہتے ہیں کہ وہ اہل بیت کو ان کا جائز مقام نہیں دیتے۔ دوسری طرف

اہل تشیع کبار صحابہ کرام پر (نعوذ باللہ) تبرابازی کرتے ہیں۔ اسلامی عقائد کی رو سے صحابہ کرامؓ، اہل بیت اور ازواجِ مطہرات رضوان اللہ علیہم اجمعین کے ساتھ یکساں طور پر محبت و عقیدت رکھنا لازمی ہے۔ اگر اس معاملے میں فریقین وسعتِ نظر اور وسعتِ قلب سے کام لیں تو حبِ رسولؐ کے نام پر مغائرت دور ہو سکتی اور اُمت متحد ہو سکتی ہے۔

۷. تابعین کرامؒ، محدثین عظامؒ اور فقہاے کرامؒ کا احترام

ہر مسلمان کے دل میں ان کی محبت ہونا بھی ضروری ہے۔ کیونکہ یہ وہ مقدس ہستیاں ہیں جنہوں نے انتہائی مشقتیں اور تکلیفیں اٹھا کر دین ہم تک پہنچایا۔ حبِ رسولؐ کا تقاضا ہے کہ ان سے بھی محبت کی جائے۔

۱. قرآنِ پاک میں ان کا تذکرہ سورۂ توبہ میں کیا گیا ہے

﴿وَالَّذِينَ اتَّبَعُوهُم بِإِحسَٰنٍ رَضِيَ اللَّهُ... ١٠٠﴾... سورة التوبة

"اور وہ لوگ جنہوں نے اخلاص کے ساتھ ان (صحابہ کرامؓ) کی پیروی کی ہے، اللہ تعالیٰ ان سے راضی ہے اور وہ اللہ سے راضی ہیں۔"

۲. رسول اللہؐ نے فرمایا:

"خيركم قرني ثم الذين يلونهم ثم الذين يلونهم"

"سب سے بہتر میرا دور ہے۔ پھر ان لوگوں کا جو اس دور کے بعد ہیں پھر جو ان سے بعد ہیں۔" (بخاری؛۳۶۵۱/ مسلم؛۶۴۱۹)

اس حدیث میں تابعین اور تبع تابعین کی فضیلت ثابت ہے۔

علم کی دنیا میں حدیث کے حوالے سے ان کے کارنامے ایسے عظیم الشان ہیں کہ اَغیار بھی خراجِ عقیدت پیش کرنے پر مجبور ہیں۔ مشہور مستشرق پروفیسر مارگریتھ نے

کہا: "علم حدیث پر مسلمانوں کا فخر کرنا بجا ہے۔"

مستشرق گولڈ زیہر نے محدثین کی خدمات کا اعتراف ان الفاظ میں کیا:

"محدثین نے دنیائے اسلام کے ایک کنارے سے دوسرے کنارے تک، اندلس سے وسط ایشیا تک کی خاک چھانی اور شہر شہر اور گاؤں گاؤں پیدل سفر کیا تاکہ حدیثیں جمع کریں اور اپنے شاگردوں میں پھیلائیں۔ بلاشبہ رحال (بہت سفر کرنے والے) اور جوال (بہت زیادہ گھومنے والے) جیسے القاب کے مستحق یہی لوگ تھے۔"

۸. بدعات سے اجتناب

حبِ رسولؐ کا تقاضا ہے کہ بدعات سے بچ کر صرف اور صرف سنت رسولؐ کے چشمہ صافی سے فیض حاصل کیا جائے۔

بدعت کی تعریف:

ہر وہ عمل بدعت کہلاتا ہے جو ثواب اور نیکی سمجھ کر کیا جائے لیکن شریعت میں اس کی کوئی بنیاد یا ثبوت نہ ہو یعنی نہ تو رسول اللہ علیہ الصلوٰۃ والسلام نے خود وہ عمل کیا اور نہ کسی کو اس کا حکم دیا اور نہ ہی کسی کو اس کی اجازت دی ہو۔ ایسا عمل اللہ کے ہاں مردود ہے۔ جیسا کہ حدیث نبویؐ ہے:

"عن عمل عملا ليس عليه أمرنا فهورد" (بخاری تعلیقا: کتاب الاعتصام)

"جو شخص کوئی ایسا عمل کرے جس پر ہمارا حکم نہیں، وہ عمل ردّ ہے۔"

ایک کام کو کرنے کے جتنے بھی طریقے ہوتے ہیں، ان میں سے انسان جو طریقہ اپناتا ہے گویا وہ اس کو پسند کر رہا ہوتا ہے یا وہ اس کو سب سے بہتر جانتا ہے، اسی لئے ترجیح دیتا ہے۔ چنانچہ اگر کوئی سنت کے مقابلے میں بدعت کو اپنا لے تو گویا اس نے قولِ رسولؐ کو چھوڑ دیا اور بدعت کو ترجیح دی۔ یہ حبِ رسولؐ کے منافی ہے۔ حق یہ ہے کہ سب سے

فائق و سر بلند سنت رسول ﷺ ہو اور اس پر عمل کو سعادت سمجھا جائے۔

دین کو سب سے زیادہ نقصان پہنچانے والی چیزیں بدعات ہیں۔ اُمت کے اندر اختلاف کی اصل جڑ بھی یہی بدعات ہیں۔ اسلام کا اصل چہرہ بدعات کی دبیز تہوں میں چھپ جاتا ہے۔ فرمانِ نبوی ﷺ ہے:

"جب کسی بدعت کو اپنایا جاتا ہے تو ایک سنت اُٹھ جاتی ہے۔" (احمد: ۴/۱۰۵)

قیامت کے روز بدعتی حوضِ کوثر کے آبِ حیات سے محروم رہیں گے۔ سہل بن سعد روایت کرتے ہیں، رسول اللہ صَلَّى اللهُ عَلَيْهِ وَسَلَّم نے فرمایا:

"میں حوضِ کوثر پر تمہارا پیشرو ہوں گا۔ جو وہاں آئے گا پانی پیے گا، جو ایک بار پی لے گا اسے کبھی پیاس نہ لگے گی۔ بعض ایسے لوگ بھی آئیں گے جنہیں میں پہچانوں گا اور وہ بھی مجھے پہچانیں گے۔ مگر انہیں مجھ تک آنے سے روک دیا جائے گا۔ میں کہوں گا یہ تو میرے اُمتی ہیں۔ لیکن مجھے بتایا جائے گا: کہ (اے محمد ﷺ!) آپ ﷺ نہیں جانتے آپ ﷺ کے بعد انہوں نے کیسی کیسی بدعتیں جاری کیں۔ پھر میں کہوں گا: دوری ہو، دوری ہو ایسے لوگوں کیلئے، جنہوں نے میرے بعد میرے دین کو بدل ڈالا۔" (بخاری: ۷۰۵۰)

پس وہ عبادت و ریاضت جو سنتِ رسول ﷺ کے مطابق نہ ہو۔ صرف ضلالت اور گمراہی ہے۔ وہ اذکار و وظائف جو سنت رسول ﷺ سے ثابت نہ ہوں بے کار اور لاحاصل ہیں۔ وہ محنت و مشقت جو حکم رسول ﷺ کے مطابق نہیں، وہ جہنم کا ایندھن ہے۔

حضرت انس روایت کرتے ہیں کہ تین صحابہ نے حضرت عائشہ رضی اللہ عنہا سے رسول اللہ صَلَّى اللهُ عَلَيْهِ وَسَلَّم کے اعمال و عبادت کے بارے میں پوچھا۔ جب انہوں نے بتایا تو صحابہ نے اپنے لئے اسے کم جانا اور آپس میں کہنے لگے ہمیں آپ سے زیادہ عبادت کرنی چاہئے۔ ایک نے کہا میں ہمیشہ روزے رکھوں گا اور کبھی روزہ ترک نہیں کروں گا۔ دوسرے نے کہا میں

شادی نہیں کروں گا۔ تیسرے نے کہا میں ساری رات نماز پڑھوں گا۔ جب رسول اللہ ﷺ کو اس بارے میں خبر دی گئی تو آپؐ نے فرمایا:

"میں تم سب سے زیادہ اللہ سے ڈرنے والا ہوں۔ سب سے زیادہ پرہیز گار ہوں، لیکن میں روزہ رکھتا ہوں، ترک بھی کرتا ہوں، رات کو قیام بھی کرتا ہوں اور آرام بھی کرتا ہوں اور عورتوں سے نکاح بھی کئے ہیں (یاد رکھو) جس نے میری سنت سے منہ موڑا، اس کا مجھ سے کوئی تعلق نہیں۔" (بخاری:۵۰۶۳)

خلاصہ:

آخر میں حبِ رسولؐ کے دعویداروں سے یہ بات پھر عرض کرنا ہے کہ اتباعِ سنت اور اطاعتِ رسولؐ صرف چند عبادات تک محدود نہیں بلکہ یہ طاعتِ رسولؐ ساری کی ساری زندگی پر محیط ہے۔ نماز کی ادائیگی میں جس طرح اتباع سنت مطلوب ہے اسی طرح اخلاق و کردار میں بھی اتباع سنت مطلوب ہے۔ جس طرح روزے اور حج کے مسائل میں اتباع سنت ہونی چاہیئے۔ اسی طرح کاروبار اور باہمی لین دین میں بھی یہ مطلوب ہے۔ ایصال ثواب، زیارت قبور، شادی بیاہ، خوشی و غمی ہر موقع پر اتباع سنت ضروری ہے۔ منکرات کے خلاف جہاد ہو یا حقوق اللہ اور حقوق العباد کی ادائیگی کا معاملہ ہو۔ سنت رسولؐ ہر جگہ جاری ہونی چاہیئے۔ اے اللہ! ہمیں آنحضور ﷺ کی سچی اور عملی محبت نصیب فرما۔ آمین!

***